高等院校"十四五"规划教材·国际贸易系列

海南经贸职业技术学院"中国特色高水平高职学校与专业建设计划"提升国际化水平项目

Internationalization Level Improvement Project under "High-level Higher Vocational Schools and Majors Construction Program with Chinese Characteristics" of Hainan College of Economics and Business

国际商务综合实训

主　编　覃　娜　陈丽云　张　坚
副主编　尤一帆　曹璐怡　李晓欢

华中科技大学出版社
http://press.hust.edu.cn
中国·武汉

图书在版编目(CIP)数据

国际商务综合实训/覃娜,陈丽云,张坚主编.—武汉:华中科技大学出版社,2024.3
ISBN 978-7-5772-0718-6

Ⅰ.①国… Ⅱ.①覃… ②陈… ③张… Ⅲ.①国际贸易-高等职业教育-教材 Ⅳ.①F74

中国国家版本馆 CIP 数据核字(2024)第 063421 号

国际商务综合实训　　　　　　　　　　　　　　　　　覃　娜　陈丽云　张　坚　主编
Guoji Shangwu Zonghe Shixun

策划编辑：汪　粲
责任编辑：余　涛　李　昊
封面设计：原色设计
责任监印：周治超
出版发行：华中科技大学出版社(中国·武汉)　　电话：(027)81321913
　　　　　武汉市东湖新技术开发区华工科技园　　邮编：430223
录　　排：华中科技大学惠友文印中心
印　　刷：武汉市籍缘印刷厂
开　　本：787mm×1092mm　1/16
印　　张：12.25
字　　数：305 千字
版　　次：2024 年 3 月第 1 版第 1 次印刷
定　　价：56.00 元

本书若有印装质量问题,请向出版社营销中心调换
全国免费服务热线：400-6679-118　竭诚为您服务
版权所有　侵权必究

Preface
前言

改革开放以来,我国外贸进出口额由1978年的约210亿美元增长至2022年的6.3万亿美元,44年时间增长299倍,年均增长13.8%。2017—2022年,我国连续六年保持世界第一货物贸易国地位。对外贸易作为拉动一国国民经济增长的"三驾马车"之一,在我国经济发展中具有举足轻重的作用。2023年上半年,受通货膨胀和世界主要经济体进口需求放缓等因素的影响,全球贸易增速下降,世界主要国家和我国周边多数国家的进出口额都出现较大幅度下降。据世贸组织预测,2023年全球货物贸易量增长1.7%,明显低于过去12年2.6%的平均水平。然而,我国2023年上半年按人民币计价进出口额稳中有升,展现出了较强的韧性。根据中国海关统计,2023年1—6月,我国外贸进出口总值为20.1万亿元,同比增长2.1%。其中出口额11.46万亿元,同比增长3.7%;进口额8.64万亿元,同比下降0.1%。

随着我国经济持续稳定发展,以及我国和世界各国经济文化交往的不断深入,国际贸易相关的技能日益成为涉外经贸企业员工必需且常规的业务技能。于企业而言,在实际工作中逐步培养员工具备国际贸易业务能力和操作技能,需要承担较大的业务风险和付出较多的经济及时间成本;对学校来说,实训和实践是国际贸易相关专业的重要教学环节之一,需要通过实训和实践,使学生熟悉国际贸易业务的具体操作流程和方法,加强学生对进出口业务经营的感性认识,从中了解、巩固和拓展已经学过的理论知识和操作方法。为加强对涉外经贸类专业学生国际贸易操作技能的培养,为实训和实践教学提供教学指导和参考,我们组织编写了本书。学生按照本书进行学习训练,能够巩固国际贸易的相关理论知识,熟悉进出口业务的经营流程,掌握外贸业务的操作方法与技能,实现与国际贸易实际工作岗位的零距离对接。

本书以进出口业务工作过程为主线,针对进出口业务中各个工作环节所需要的知识和技能展开项目实训,教材使用者先学习理论知识,再进行模拟实训,体现了工学结合,教、学、做一体化的高职教学改革特点。本书以南京世格软件有限责任公司开发的"互联网+国际贸易综合技能实训与竞赛(Practice for Operational Competence in International Business,POCIB i+)"教学软件为实训平台,以外贸进出口业务为主线,结合"CIF+L/C+海运"的进出口业务操作程序,将全书划分为交易前的准备、报价核算、交易磋商与订立合同、货款支付、备货、订舱与投保、出口通关、出口结汇与出口退税、进口付汇与进口通关等9个项目共

31个工作任务，彰显了教学内容的项目化、项目内容的任务化、任务内容的流程化、理论和实践的一体化。国际商务综合实训涉及国际贸易理论与实务、外贸英文函电、外贸单证实务、国际商务谈判、国际货运代理实务等相关知识，要求将以上知识融会贯通，并实际运用到进出口业务操作中。本书内容编写结合了POCIB i＋实训平台，其业务仿真、过程动态、系统综合性、多元有效评价标准等特点更契合国际贸易类企业用工需求，能促进学习者实现国际贸易职业能力目标。

本书既可作为中高职院校涉外经贸类专业开展国际商务综合实训或国际贸易模拟实训的指导用书，也可用于国际贸易相关工作的从业者培训或自学。

编　者

2024年2月

目录 contents

项目一　交易前的准备	001
任务一　创建公司	001
任务二　国际市场调研	009
任务三　制定进出口经营方案	014
任务四　B2B 跨境电商平台运营	017

项目二　价格核算	026
任务一　出口价格核算	026
任务二　进口报价核算	034

项目三　交易磋商及合同订立	040
任务一　询盘	040
任务二　发盘	046
任务三　还盘	048
任务四　接受	051
任务五　合同订立	053

项目四　货款支付	065
任务一　电汇	065
任务二　托收	073
任务三　信用证	077

项目五　备货	088
任务一　备货的概念及要求	088
任务二　制作商业发票	090
任务三　制作装箱单	094

项目六　订舱与投保　　097

　　任务一　海运订舱托运　　097
　　任务二　空运订舱托运　　102
　　任务三　装运通知　　105
　　任务四　投保　　109

项目七　出口通关　　116

　　任务一　出口报检　　116
　　任务二　申请原产地证明书　　124
　　任务三　出口报关　　131

项目八　出口结汇与出口退税　　152

　　任务一　填制汇票　　152
　　任务二　出口结汇　　156
　　任务三　出口退税　　159

项目九　进口付汇与进口通关　　165

　　任务一　进口付汇　　165
　　任务二　进口报检　　169
　　任务三　进口报关　　173
　　任务四　进口缴税与提货　　187

参考文献　　189

项目一 交易前的准备

学习目标

知识目标：了解我国法律法规对进出口经营权的规定；熟悉我国对外贸易经营者备案登记程序；掌握国际市场调研与开发的内容与方法；具备跨境电商B2B平台运营的相关知识。

技能目标：学会制定进出口商品经营方案；能够对企业和商品进行有效的广告宣传；能够运营跨境电商B2B平台上的企业店铺。

素质目标：培养并践行外贸从业者的法治意识和职业道德；培养认真、细致、严谨、高效的职业素养；遵守国家贸易法律法规；培育并践行社会主义核心价值观。

任务一 创建公司

一、理论知识

外贸公司是指有对外贸易经营资格的贸易公司，其业务往来重点在国外，通过市场调研，把国外商品进口到国内来销售，或者收购国内商品销售到国外，从中赚取差价。在国际市场销售活动中，多数外贸企业都是在对众多的市场进行调研、评估的基础上，选择最有获利潜力的市场，制定有效的营销策略，实现企业经营目标。

根据中国海关2019年统计，鸿富锦精密电子（郑州）有限公司、富泰华工业（深圳）有限公司、苏州得尔达国际物流有限公司、华为终端有限公司、昌硕科技（上海）有限公司位列我国2018年出口五强，中国国际石油化工联合有限责任公司、三星电子（苏州）半导体有限公司、中国联合石油有限责任公司、东莞市新宁仓储有限公司、鸿富锦精密电子（郑州）有限公司位列我国2018年进口五强。国际知名的外贸企业有新加坡的托克集团（全球最大的私有金属和石油交易商）、日本的三菱商事株式会社、日本伊藤忠商事株式会社、三井物产株式会社、丸红株式会社等。

（一）进出口经营权的获得

外贸公司要开展进出口业务，首先需获得进出口经营权，才可以依法自主地从事进出口业务。进出口经营权是指进出口企业开展进出口业务的资格，外贸公司在得到商务局、海关、检验检疫、外汇管理局、电子口岸等相关部门的批准后，才能拥有自营进出口的权利。

根据《中华人民共和国对外贸易法》和《对外贸易经营者备案登记办法》（商务部令2004年第14号），自2004年7月1日起，凡从事货物进出口或者技术进出口的对外贸易经营者，应当向国务院对外贸易主管部门或者其委托的机构办理备案登记。对外贸易经营者未办理备案登记的，海关不予办理进出口的报关验放手续。其中，对外贸易经营者是指依法办理工商登记或其他执业手续，依照外贸法和其他有关法律、行政法规的规定，从事对外贸易经营活动的法人、其他组织或者个人。对外贸易经营者只有通过对外贸易主管部门或者其委托的机构办理备案登记手续后，方可从事外贸经营业务。

（二）对外贸易经营者备案登记的条件和程序

1. 办理对外贸易经营者备案登记的条件

办理对外贸易经营者备案登记的企业，必须满足以下四个条件：

（1）企业经市场监督管理部门登记注册并且领取营业执照；

（2）已经办理税务登记，且依法纳税；

（3）企业法定代表人在3年内没有担任过曾被撤销进出口经营资格的企业的法定代表人或者负责人之职；

（4）企业经营范围中包含从事相关"进出口"或"货物及技术进出口"经营业务，若营业执照中没有从事"进出口"业务经营范围的，须先到工商部门办理增加经营范围的手续。

通常情况下，从事对外贸易经营业务的企业，其注册资金应不少于50万元。如果注册资金少于50万元，则不能办理一般纳税人资格，也就不能享受大部分的出口退税，只能得到最高6%的小规模纳税人退税。

2. 办理对外贸易经营者备案登记的程序

凡从事货物进出口或者技术进出口的对外贸易经营者，应当首先通过备案登记系统进行网上信息填报，并向备案登记主管部门提交备案登记材料，经由主管部门备案登记后，领取《对外贸易经营者备案登记表》，依法从事对外贸易活动。

首先，需准备好办理登记的相关材料，主要包括营业执照原件及副本、公司章程原件和公章、公司中英文名称和地址、银行开户许可证、法人及操作员身份证原件等；其次，到当地外经贸主管部门（商务局）领取《对外贸易经营者备案登记表》；最后，经过备案登记后，对外贸易经营者应凭加盖备案登记印章的《对外贸易经营者备案登记表》在30日内到当地海关、外汇管理局、税务等部门办理开展对外贸易业务所需要的手续，才具备对外贸易经营资格。

需要刻制海关报关章的企业，凭对外贸易经营者备案登记表、企业法人营业执照和经办人及法人身份证去办理即可。办理了进出口经营权的企业，如果有外币往来，往往需要开立外币账户，这就要在外汇管理局做一个经常性名录登记，办理了外汇名录登记之后，就可以到银行开立外币账户。此外,有出口退税需求的企业,办理了进出口经营权之后,即凭相关材料可到税务局申请退税资格认定。

(三) 企业获得进出口经营权的好处

企业如果从事进出口业务,就要办理进出口经营权。对企业来说,办理进出口经营权有以下几点好处。

1. 直接与外商签订合同

企业拥有进出口经营权就可以直接与外商签订合同,减少中间环节,节省经营成本,提高利润率,促进企业长期发展。

2. 享受出口退税

如果进出口企业是一般纳税人,可以获得出口退税,这是一笔不小的利润,也是绝大多数企业办理进出口经营权的基本目的。

3. 拥有自有外汇账户

有进出口经营权的企业还可以开通外汇账户,可以自由收支外汇,尤其是交易的货款,能直接到本公司外汇账户,减少中间环节,方便、省心、省力。

4. 自主报关

进出口商品时有了进出口经营权,企业可以自主报关进出口商品,减少代理环节和费用,提高工作效率的同时也节省了开支和费用。

5. 扩展国际业务

与外商接触和交流的机会更多,有利于企业寻求更多的外贸商机。此外,还能提升企业形象。

6. 电商平台入驻门槛

目前有很多电商企业,在各个专业平台如阿里巴巴、亚马逊等推广,平台要求接入企业拥有进出口经营权或相应资质才能接纳。

二、实训指导 1-1

本书的实训案例基于 POCIB 平台,选择世界第一货物贸易大国——中国作为出口国,南美洲最大的国家和"一带一路"沿线国家之一——巴西作为进口国,以中国生产的具有一定竞争优势的家居日用百货类产品(瓷杯 12010)作为贸易商品,以"L/C+CIF+海运"作为操作示例演示贸易过程。

(一) 案例背景

出口商为中国蓝海国际贸易有限公司(简称蓝海公司),该公司成立于 2008 年,是经国家批准的具有进出口经营权的综合性贸易公司,其经营产品种类齐全、质量精湛,业务范围广泛。产品主要出口日本、韩国、欧美等地。公司本着"客户第一,诚信至上"的原则,与多家企业建立了长期的合作关系,并在行业内取得了良好的口碑。随着公司的不断发展扩大,希望通过多元发展策略以覆盖更广阔的国际市场。

进口商为巴西绿河国际贸易有限公司(简称绿河公司),成立于2012年,公司地址为巴西里约热内卢市佩德罗·卡尔蒙大道9号。公司经营多种产品的进出口业务,与多家零售商和代理商建立了长期稳定的合作关系,销售网络和产品销售代理机构遍布全国。公司重合同、守信用、保证产品质量,以多品种经营特色和薄利多销的原则,赢得了广大客户的信任。

根据上述资料,在POCIB平台创建出口商(蓝海公司)和进口商(绿河公司)并填写企业信息。

(二) 实训操作

登录POCIB i+的门户网站,点击"下载中心",依次下载并安装"操作系统补丁Microsoft.NET 1.1""操作系统补丁Microsoft.NET 1.1 SP1""POCIB i+客户端"。下载安装完成后,会在桌面生成一个POCIB i+快捷方式" ",双击该快捷方式,打开登录界面,输入账号和密码(注册时填写的账号和密码),然后点"登录"按钮,就可以开始使用了(见图1-1)。

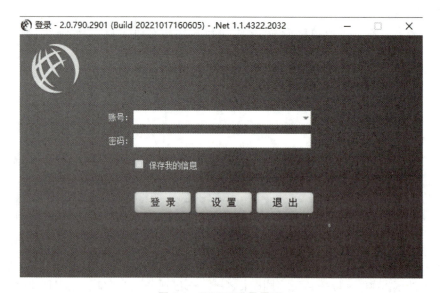

图1-1　POCIB登录界面

第一次登录时,可以看到界面如下,显示"请注册公司"。点击"请注册公司"字样(见图1-2),进入公司资料界面,逐项填写公司资料,创建贸易公司。在POCIB中,每个公司都可以从事进口和出口业务。

1. 创建出口公司操作

在POCIB中只有不同国家之间的公司才可以进行交易,POCIB虚拟的全球市场中有10个不同的国家,在注册账号时系统已经自动分配了该账号所属的国家,用户可以根据系统分配的国别注册自己的进出口公司。本案例中出口公司注册地设定为中国。填写"注册公司"页面需要填写的信息,公司资料填写完毕后,点击"保存";确认内容无误后,点击"完成

图 1-2　POCIB 公司注册界面

注册"(完成注册后资料不能再修改),可以看到公司资料(见图 1-3)。

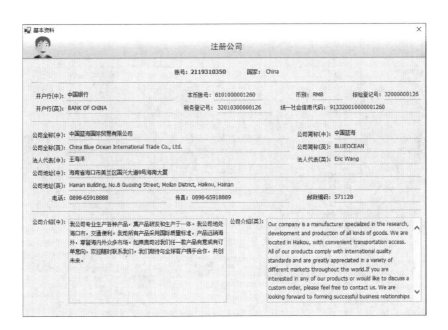

图 1-3　创建的出口公司资料界面

在 POCIB 中,填写出口公司介绍时,无须固定经营范围,公司可以选择国内工厂中的所有商品作为其经营范围中的商品选项。

完成注册后关闭窗口,回到主界面,可以看到公司显示界面(见图 1-4)。

若想查看公司资料,点击界面上的公司名称简称即可。

图1-4 出口公司主界面

2. 创建进口公司操作

进口公司注册地设定为巴西,公司资料输入完毕后,先点击"保存";确认内容无误后,点击"完成注册"(完成注册后资料不能再修改),可以看到公司资料(见图1-5)。

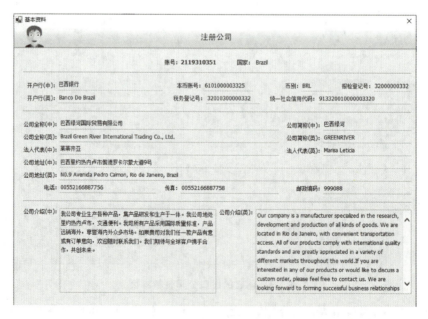

图1-5 创建的进口公司资料界面

完成注册后关闭窗口,回到主界面,可看到公司显示界面(见图1-6)。

若想查看公司资料,点击界面上的公司名称简称即可。

图 1-6 进口公司主界面

（三）技能提升：外贸公司中英文名称和地址的写法

1. 外贸公司中英文名称的写法

公司名称的确定一般采用"行政区划＋字号＋行业特点＋组织"的形式，如上海蓝星进出口有限公司。从公司名称的行政区划上能看出公司注册需在何地办理。例如："三亚××公司"为在三亚办理，"海南××公司"为在海口办理，"中国××公司"为在北京办理。

在将公司名称翻译成英文时应注意：遵循部分首字母大写或采用全部大写的原则；公司名称中的 and 首字母不大写，可以用 & 符号代替；"有限责任公司"可翻译为"Company Limited"，一般用"Co.，Ltd."简称。例如，账号所属国别为中国，公司中文名称为"海南蓝海进出口有限公司"，可翻译为"Hainan Blue Ocean Import and Export Corporation Co.，Ltd."。

POCIB 选用了具有代表性的 10 个国家作为注册地供使用者在注册贸易公司时选择，包括中国、美国、英国、日本、德国、俄罗斯、巴西、南非、古巴和澳大利亚（见表1-1）。在注册公司时，应根据账号所属国家给外贸公司命名，最好能反映不同国家公司的命名习惯。

表 1-1 POCIB 中的 10 个国家、港口及币别英文符号表

国家	港口名称	币别	币制符号
America	Chicago	美元	USD
Australia	Melbourne	澳大利亚元	AUD
Brazil	Rio De Janeiro	巴西里尔	BRL
China	Shanghai	人民币	RMB
Cuba	Santiago	古巴比索	CUP

续表

国家	港口名称	币别	币制符号
Germany	Hamburg	欧元	EUR
Japan	Nagoya	日元	JPY
Russia	St. Petersburg	俄罗斯卢布	RUB
South Africa	Capetown	南非兰特	ZAR
UK	Liverpool	英镑	GBP

2．外贸公司中英文地址的写法

外贸公司中英文地址应该明确具体。公司中文地址按照从大到小的顺序写，先写××省、××市、××区，再到具体的××路××号。英文地址的写法与中文相反，按地址单元从小大到的顺序从左到右书写，并且地址单元间以半角逗号分隔，最后一行写明国家的名称。例如公司中文地址为海南省海口市美兰区国兴大道18号国际贸易大厦，可翻译为"International Building, No. 18 Guoxing Road, Meilan District, Haikou City, Hainan Province, China"。此外，中国人写地址喜欢将省或市等都一一注明，但按英语习惯，可以有所省略。

关于英文地址中邮编的书写，我国的通行写法是将邮政编码另起一行，前面标上邮编(Postal Code, Zip, P. C.)两字，但英美等国的惯例却是将邮编直接写在州或城市的后面，如：1120 Lincoln Street, Denver, CO 80203, USA(中文翻译：美国科罗拉多州丹佛市林肯街第1120号，邮编：80203)。

在POCIB实训平台操作时，公司地址应与账号所属国家一致，以模拟比较真实的交易情景，最好不要出现账号所属国家在南非，而注册时填写的公司地址却在中国的情况。此外，注册时填写的公司名称和地址里不要出现特殊符号或者字符数太多，以免系统无法识别造成后续填写合同时无法通过的情况出现。

3．公司英文名称与地址参考范例

公司英文名称与地址的参考范例如表1-2所示。

表1-2　POCIB中公司英文名称与地址参考范例表

国别	公司名称	公司地址
中国	Shenzhen Logic International Trading Co., Ltd.	Bld. 21, Hourui First Industrial Zone, Xixiang, Shenzhen, Guangdong, China
美国	Star Brands Group US, LLC	6 St. Johns Lane, New York, United States
日本	Regeta Co., Ltd	Nagoya City Hall 1-8, Sannomaru 3-chome, Naka-ku, Nagoya, Japan
英国	ALL Good Imports LTD	Foundation Building, Brownlow Hill, Liverpool, L69 7ZX, UK
德国	GOODSCARE GMBH	Am Sandtorkai 62, Hamburg, Germany

续表

国别	公司名称	公司地址
俄罗斯	RIVERS COMPANY LIMITED	Suvorova 122, Magnitogorsk, Chelyabinsk Oblast, Russian Federation
澳大利亚	Auswood International Pty Ltd	Unit 6, 4-20 Violet St, REVESBY, New South Wales, Australia
巴西	MARTINS & COSTA LTDA	Rue Messias Filho, pedreiras, Sao Paulo, Brazil
南非	NANJE ENTERPRISES	60 ALEXANDER ROAD PAROW, Cape Town, South Africa
古巴	Caribbean International Trading Co. Ltd	Ave. Independencia No. 116, Cerro, La Habana, Cuba

任务二　国际市场调研

一、理论知识

国际市场调研是指运用科学的调研方法与手段，系统地搜集、记录、整理、分析有关国际市场的各种基本状况及其影响因素，以帮助企业制定有效的市场营销策略，实现企业经营目标。在现代营销观念指导下，以满足消费者需求为中心，研究产品从生产领域拓展到包括消费领域的全过程。

（一）国际市场调研的目的

进行国际市场调研的目的在于了解某一商品在其他国家的消费状况，以便有效地推销其产品。从一般情况看，调研的目的有以下几点。

1. 掌握国际市场总体趋势

由于各国的社会、政治、经济、文化等存在着较大的差异，可通过调研，比较和评估各国的市场潜力，并作为销售的借鉴和参考，从而确定目标市场。

2. 了解目标市场的主要需求

不同的目标市场因各种因素的制约，其需求有所不同。通过市场调研可以发现当地消费者对所推销的产品是否有所需求，需求量有多大，需求的变化趋势等，以便制定销售策略。

3. 比较外来产品与当地产品的差别和竞争状况

由于目前绝大多数产品市场均处于买方市场，因而一国的同类产品的市场竞争者常常有国内与国外多家生产者与销售者。作为外国销售者,进行市场调研的目的之一就是要找到其产品与当地同类产品有哪些差别,同类产品之间的竞争程度如何,以此为基础,才有可能制订出比较科学的营销方案。

4．了解目标市场的其他因素

一国市场的销售状况的影响因素,除销售者本身的因素外,与该国的其他因素有关,特别是该国针对外国商品的相关政策与法律规定,调研中应对此有所认识并加以重视,否则有可能导致事倍功半的后果。

（二）国际市场调研的内容

不同的出口商可能因其推销的产品不同,而对调研内容的侧重点有所不同,如化工产品的出口商可能对进口国的宗教信仰不太关注,但食品出口商可能对此极为重视,否则有可能导致巨额损失。尽管各有侧重,但总体而言,调研内容主要为以下几个方面。

1．国别（地区）调研

国别(地区)调研是指对某一个国家(地区)的一般情况做广泛了解,尤其要对同贸易有关的情况做重点调查研究,一般包括以下四个方面。

（1）政治情况:包括政治制度、对外政策、政党活动、对我国的态度等。

（2）经济情况:包括财政政策、货币政策、失业情况、自然资源等。

（3）文化情况:包括民族和宗教背景、社会风俗、商业习惯、消费习惯等。

（4）自然环境:包括气候、水土、地质等环境,自然资源状况不同,对国际市场的影响也不同。

（5）对外贸易情况:包括进出口商品结构、数量、金额、贸易对象、外汇管制、关税和商检情况,以及与我国的贸易关系等。

2．商品市场调研

商品市场调研主要是调研相关商品在国际市场的生产、销售、价格等情况,以便掌握商品的价格及其他的交易条件。一般包括:拟销售商品在当地的生产量、消费量及厂商数量等;拟销售商品在当地的进出口状况,如进出口量、贸易商、贸易渠道与方式等;当地潜在竞争对手的状况,如商品的质量、规格、价格、厂商的数量、规模、两者的差异等;当地企业的组织结构及与外资企业合资、合作的可能性;当地常用的付款方式及资信程度;当地习惯使用的广告媒体及其效果等。

3．市场供求调研

国际商品市场的供求关系是经常变化的,影响供求关系变动的因素很多,如生产周期、产品销售周期、消费习惯、消费水平、质量要求等,应该结合我国市场对商品的供需,选择适宜的市场,获取供给信息、需求信息和价格信息。

4．客户调研

客户调研在于了解欲与之建立贸易关系的国外客户的基本情况。包括它的历史、资金规模、经营范围、组织情况、信誉等级等其自身总体状况,还包括它与世界各地其他客户和与我国客户开展对外经济贸易关系的历史和现状。只有对国外客户有了一定的了解,才可以与之建立业务联系。我国对外贸易实际工作中,常有因对对方情况不清,匆忙与之进行外贸交易活动而造成重大损失的事件发生。因此在交易磋商之前,一定要对国外客户的资金和信誉状况有十足的把握,不可急于求成。

(三) 国际市场调研的方法

1. 实地获得资料

实地获得资料是指亲自或委托有关机构到目标市场进行实地考察,以获得第一手资料(primary data)作为决策依据。但通过这种渠道获取相关资料的成本较高,对中小出口商来说不太现实,而且需要较长时间。因此,这种方式不是首选,通常只有跨国大企业或政府采购选择这一渠道。

2. 利用他人资料

利用他人资料是指利用他人已获得的第一手资料,经过分析整理后据此做出决策,而不再亲自进行实地考察或委托相关机构实地考察。他人资料来源较多,进行国际市场调研时,只要针对调查目的,尽力收集相关资料加以整理,一般可获得所需的资讯,且其时间快、成本低、效率高,是大多数出口商选用的渠道。资料来源主要包括各政府机构的定期刊物、各国驻我国办事处的资料、进出口商会或贸易发展协会的刊物、金融或征信机构的期刊、国内外报纸杂志的广告或研究报告、我国驻外单位的研究报告、联合国或国际组织的年鉴资料等。

二、实训指导 1-2

(一) 了解各国的基本情况

POCIB选用了具有代表性的10个国家作为注册地供使用者在注册贸易公司时选择,包括中国、美国、英国、日本、德国、俄罗斯、巴西、南非、古巴和澳大利亚。

在POCIB中,点击"世界地图",鼠标移到某个国家的范围内,可显示该国的人口、人均产值及已注册公司数量等信息;点击某个国家,则可查看该国的基本资料(见图1-7),包括主要进出口产品等。本案例中分别选择了中国和巴西作为出口公司和进口公司的注册地。

(二) 了解本国的商品信息

在进行出口贸易时,首先要确定的是本国的国内工厂可生产哪些商品。注册贸易公司时选择的注册国家不同,本国工厂所能生产的商品也有所不同,其中有些商品还是特产商品,只有一个国家有。例如古巴特产朗姆酒、雪茄,巴西特产咖啡等。只有本国工厂可生产的商品才可出口。

在POCIB中,点击"城市中心"里的"国内工厂",在弹出界面中点击"购买商品",可看到商品列表,显示出商品编号、名称、工厂生产价格、最大交易量及日产量等信息(见图1-8);点击商品编号或名称,可查看商品基本资料。

在实训案例中出口商(蓝海公司)对本国国内工厂生产的产品进行了调研,发现中国生

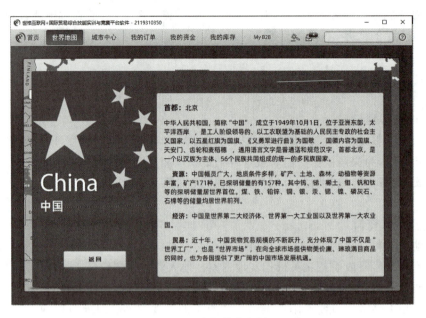

图 1-7　中国基本资料

产的家居与园艺类等 10 类产品深受国外用户青睐，且供应量充足。其中，出口商（蓝海公司）经营的瓷杯（12010）产品在国际市场上具有一定的竞争优势。

商品编号	名称	价格	最大交易量	日产量
01001	洋菇罐头(整粒)	RMB 44.00	2000 CARTON	1000 CARTON
01004	茉莉绿茶	RMB 21.50	70000 BOX	35000 BOX
02001	男式睡衣	RMB 28.00	80000 SET	40000 SET
04006	中式木雕壁挂	RMB 21.00	80000 PC	40000 PC
04010	木雕工艺品	RMB 32.36	50000 PC	25000 PC
06002	环保涂料	RMB 93.30	14000 DRUM	7000 DRUM
08002	长毛绒熊猫	RMB 119.02	20000 PC	10000 PC
12001	青花瓷餐具套装	RMB 460.00	4000 SET	2000 SET
12002	骨瓷餐具套装	RMB 200.27	10000 SET	5000 SET
12005	7头茶具	RMB 310.00	6000 SET	3000 SET
12006	10寸鱼盘	RMB 7.03	100000 UNIT	50000 UNIT
12007	7寸圆盘	RMB 4.80	100000 UNIT	50000 UNIT
12008	瓷碟	RMB 4.00	100000 UNIT	50000 UNIT
12009	汤匙	RMB 3.70	100000 UNIT	50000 UNIT
12010	瓷杯	RMB 4.00	100000 UNIT	50000 UNIT

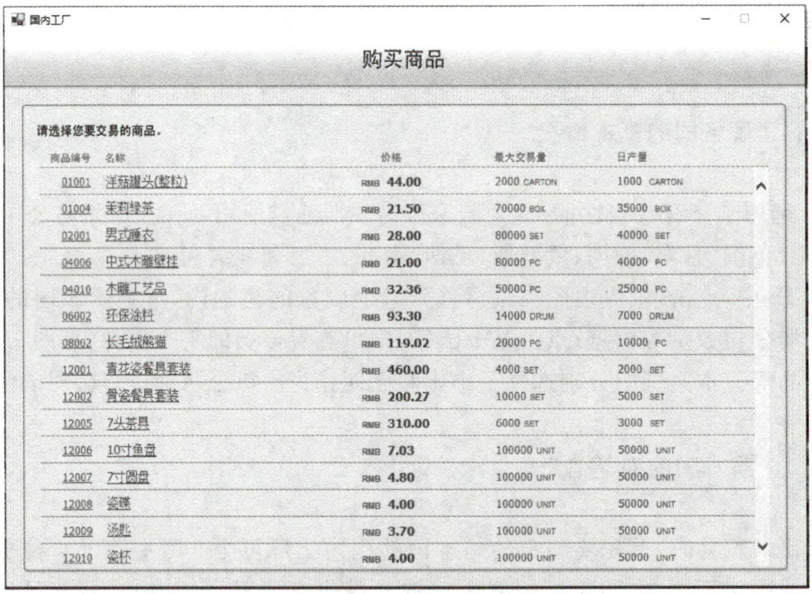

图 1-8　中国的工厂商品列表

（三）掌握市场买卖动向

POCIB 提供了一个纯英文的 B2B 的电子商务平台，即“我的市场”。这里汇集了大量的商品买卖信息，从中可以了解目前市场上的热门商品及竞争对手的情况。

在POCIB中,可以通过点击"我的市场",打开相关网页(见图1-9),在首页上即可以看到进出口商发布的商品买卖信息。

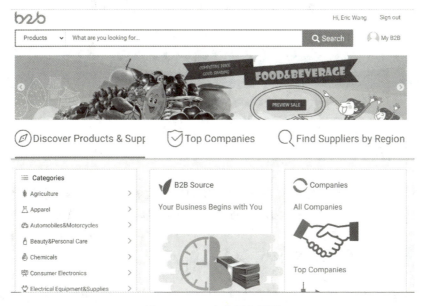

图1-9　B2B电商平台网页

（四）　技能提升：外贸公司简介的写法

1. 外贸公司简介包含的基本信息

（1）公司概况：一般包括注册时间、注册资本、公司性质、技术力量、规模、员工人数、员工素质等。

（2）公司发展状况：如公司的发展速度、成绩、荣誉称号等。

（3）公司文化：包括公司的目标、理念、宗旨、使命、愿景等。

（4）公司产品：介绍主营产品的种类、性能、特色、创新等。

（5）销售业绩及网络：如销售量、销售市场分布等。

（6）售后服务：主要是公司售后服务的承诺。

2. 公司简介范例

ABC公司成立于××年,专业生产××产品,集产品研发和生产于一体。我公司地处××市,交通便利。我公司所有产品采用国际质量标准,产品远销海外,享誉海内外众多市场。若您对我们任何一款产品有意或有订单意向,欢迎随时联系我们。我们期待与全球客户携手合作,共创未来。

Established in(成立年份), (公司英文名称) is a manufacturer(生产兼贸易,可用manufacturer and trader) specialized in the research, development and production of (公司主打产品). We are located in (公司所在城市), with convenient transportation access. All of our products comply with international quality standards and are greatly appreciated in a variety of different markets throughout the world.

If you are interested in any of our products or would like to discuss a custom order, please feel free to contact us. We are looking forward to forming successful business relationships with new clients around the world in the near future.

任务三　制定进出口经营方案

一、理论知识

各国企业在选择贸易伙伴之前,一般应事先制订好完整的经营方案,它是交易有计划、有目的地顺利进行的前提,具体分为出口商品经营方案和进口商品经营方案两种。

(一) 出口商品经营方案的制订

出口商品经营方案,是根据对外贸易政策原则,在对市场已做调查研究的基础上,按照出口计划的要求,对某种商品(或某一类商品)在一定时期内出口推销的设想、做法和全面安排,它是经营出口业务的依据。一般包括货源情况、国外市场情况、出口经营情况、推销计划安排、计划采取的措施等。

(二) 进口商品经营方案的制订

进口商品经营方案的制订过程中一般应考虑进口的商品数量、采购市场的安排、交易对象的选择、商品价格、贸易方式、交易条件等。

(三) 广告宣传

在明确了目标市场的基本情况和消费者需求后,企业可以利用各种媒介进行广告宣传。

广告宣传工作是做好推销的重要环节,是扩大进出口贸易的重要途径,原则上应按原定的方案部署有计划、有步骤地进行。目前,外贸企业使用的宣传方式与广告媒体很多,如报纸、期刊、专业印刷品(如商业指南、贸易年鉴、手册)、视听广告(电视、电影、广播)、户外广告、直接邮寄广告(样本、实物样品、商品目录、图片说明书、通告函)、商品交易展览会等。

在宣传时,应注意内容要实事求是、文字要简单明了,尊重国外的风俗习惯;刊登后还要及时检查,注意市场反应与效果,并不断研究、改进、完善。同时,在广告宣传的过程中应遵循以下几个原则。

(1) 体现我国的对外贸易方针政策,宣传内容实事求是,用词客观、严谨。

(2) 广告宣传应有针对性,配合业务需要,有计划、有步骤、有目标、有重点地开展。

(3) 广告设计要从商品、市场和消费者实际情况出发,拟宣传的商品要质量稳定、性能可靠、供应正常。

(4)广告登载之后要及时检查与更新,注意反馈与宣传效果。

二、实训指导 1-3

(一)广告宣传操作

一笔完整的国际贸易业务需要进出口商的相互协作、配合来完成,而广告是系统中用户相互结识、相互了解的主要途径,方便快速找到合适的进出口商与产品,进而展开贸易。以下演示出口商(蓝海公司)利用 POCIB 平台发布公司广告。

1. 出口商(蓝海公司)发布公司广告

在 POCIB 中,点击"城市中心",再点击标志为"广告公司"的建筑物,在弹出的界面中点击"发布公司广告"(见图 1-10),逐项填写。

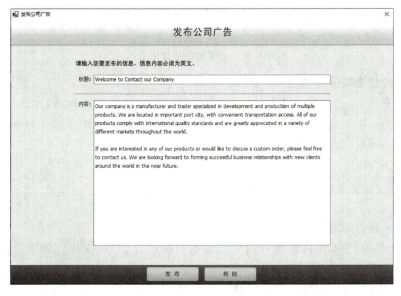

图 1-10　发布广告页面

填写完毕后,点击"发布",便可成功发布公司广告;发布成功的公司广告将显示在"我的市场"网站里"Corporation(公司库)"左侧的广告列表中。

在 POCIB 中,广告或市场信息只有成功发布并且处在有效期内(广告有效期为 48 小时),其公司资料才能显示在"Top Companies(上榜公司)"列表中,一旦广告或市场信息过期,公司资料也不再显示,需要重新发布广告或市场信息。

2. 出口商(蓝海公司)查看本国可交易商品

在 POCIB 中,点击"城市中心",再点击标志为"国内工厂"的建筑物,在弹出界面中点击"购买商品",即可看到本国工厂可生产的商品列表,点击商品编号或名称可查看商品详细信息(不同国家市场可生产的商品不同)。

例如,查看 12010 瓷杯商品,可看到图 1-11 的界面(此处可先不购买,待合同签订以后再来购买商品)。

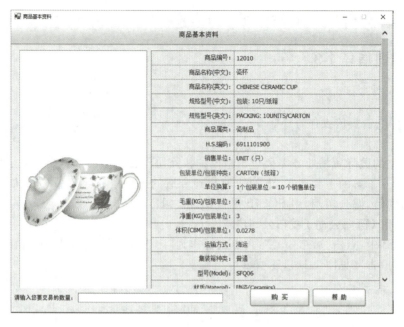

图 1-11　瓷杯的商品详细资料

3．蓝海公司查看公司广告

在 POCIB 中，点击"My B2B"，输入账号和密码登录，打开相应网站，在首页上即可查看各类市场信息，其中在"Top Companies"信息栏中可找到出口商 China Blue Ocean International Trade Co., Ltd. 发布的公司广告。

（二）技能提升：制定进出口经营方案

1．进口经营方案写作要点

（1）数量掌握：根据国内需要和国外市场的具体情况，合理安排订货数量和进度，不要盲目订购，争取采购的有利时机。

（2）采购市场安排：根据不同国家的贸易政策，合理安排采购市场布局。

（3）交易对象选择：选择资信好、经营能力强的客户作为交易对象，减少中间环节，节约外汇，尽量向厂家直接采购。

（4）价格掌握：分析国际市场产品的价格行情，正确把握进口商品的价格范围，合理出价。

（5）贸易方式运用：熟练掌握不同贸易方式的特点，在进口商品时尽量选择对自己有利的贸易方式。

（6）交易条件掌握：根据商品特征、交易双方的地理位置及交易习惯等选择合适的交易条件。

2．出口经营方案写作要点

（1）国外市场的特点、适销品种、供求情况等。

（2）国内的资源情况。

（3）世界经济贸易的动向和价格趋势。

（4）销售意图和经营方针。

（5）出口计划初步安排。

(6) 推销计划和措施。
(7) 出口盈亏率、换汇成本和外汇创收率。
(8) 价格条件。
(9) 佣金和折扣。
(10) 收汇方式的掌握和运用。

任务四　B2B 跨境电商平台运营

一、理论知识

（一）跨境电子商务的含义

跨境电子商务是指分属不同的交易主体，通过电子商务平台达成交易、进行支付结算，并通过跨境物流送达商品、完成交易的一种国际商业活动。跨境电子商务是基于网络发展起来的，网络空间独特的价值标准和行为模式深刻地影响着跨境电子商务，使其不同于传统的交易方式而呈现出全球性、无形性、匿名性、即时性、无纸化和快速演进等特点。

跨境电商按商品流向不同可分为两种模式：进口跨境电商和出口跨境电商。对于进口跨境电商商家来说，通常是国内消费者访问海外卖家的购物网站选择商品，下单后由海外卖家直接发国际快递到消费者手中。出口跨境电商则刚好相反，国内卖家将商品直接通过国际快递送到海外买家的手中。

我国跨境电子商务主要分为企业对企业（即 B2B）和企业对消费者（即 B2C）的贸易模式。B2B 模式下，企业运用电子商务以广告和信息发布为主，成交和通关流程基本在线下完成，本质上仍属传统贸易，纳入海关一般贸易统计。B2C 模式下，我国企业直接面对国外消费者，以销售个人消费品为主，物流方面主要采用航空小包、邮寄、快递等方式，其报关主体是邮政或快递公司，2019 年大多数未纳入海关登记。

跨境电子商务作为推动经济一体化、贸易全球化的技术基础，具有非常重要的战略意义。跨境电子商务不仅冲破了国家间的障碍，使国际贸易走向无国界贸易，同时它也正在引起世界经济贸易的巨大变革。对企业来说，跨境电子商务构建的开放、多维、立体的多边经贸合作模式，极大地拓宽了进入国际市场的路径，大大促进了多边资源的优化配置与企业间的互利共赢；对于消费者来说，跨境电子商务使他们非常容易地获取其他国家的信息并买到物美价廉的商品。

（二）跨境电商平台简介

跨境电商分为进口跨境电商和出口跨境电商，进口跨境电商比如天猫国际、网易考拉等。出口跨境电商有不同的平台(见图 1-12)。

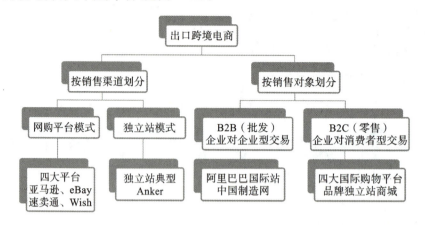

图 1-12　出口跨境电商的平台

出口跨境电商根据销售渠道分为独立站和电商平台,比较知名的独立站有安克 Anker,环球易购旗下的 Gearbest,希音旗下的 SHEIN、ROMWE,棒谷旗下的 Banggood,通拓 Tomtop,杭州执御 JollyChic,还有很多比较知名的自建站。其中,四大国际性的跨境电商平台分别是亚马逊、eBay、速卖通、Wish。

1. 亚马逊

亚马逊被誉为全球网购霸主,它在世界性电商网站中流量最大、辐射最广,在美国及欧洲多个发达国家的市场占有率排名第一。核心类目为 3C 电子、服饰配件,户外运动、家居厨电、宠物周边等。首创了 FBA 模式,具有完善的物流配送体系。亚马逊偏向于买家的平台政策,把控着世界网购的中高端市场。

2. eBay

eBay 堪称工业品巨头,辐射范围及流量仅次于亚马逊,核心类目为汽摩配件、机械工具、二手产品,这几类产品的订单量远远超过亚马逊。它在澳大利亚市场占有率很高;是首家对中国卖家招商的国际网购平台,曾作为中国易趣的大股东跟淘宝厮杀。

3. 速卖通

速卖通是阿里巴巴旗下的 B2C 国际平台,为阿里国际站功能的延伸,范围覆盖全球,在巴西与俄罗斯的市场占有率很高。速卖通是中国卖家聚集地,made in China 的某些产品类目发展迅猛。

4. Wish

Wish 是一家大数据网购平台,于 2013 年兴起的无线端大数据购物平台。它对客户肖像刻画精准,其推送端流量大于搜索端流量,商品主要集中在体积小、重量轻、单价低的新奇产品。主要消费地是美国、西欧以及澳大利亚。

二、实训操作 1-4

在 POCIB 中,点击"My B2B",进入系统中的 B2B 跨境电商平台,这是一个仿真模拟阿里巴巴国际站的跨境电商平台。可以在这里发布产品、发布采购需求、经营公司店铺,从这些产品与店铺信息中找寻合适的交易对象,并在 My Business 中通过"开始新业务"与之建立业务联系。

(一) B2B 跨境电商平台介绍

仿真模拟阿里巴巴国际站操作的 B2B 跨境电商平台,提供中英文切换功能,可以实际操作跨境电子商务网站的业务。只需要在客户端点击"My B2B",在登录界面输入客户端的账号及密码即可登录 B2B 跨境电商平台。主要有以下几个方面的内容。

1. B2B 网站首页

(1) B2B 网站首页界面:主要包括产品、供应商、采购需求的搜索框,热门大类产品的促销活动,各大类产品,采购需求,所有公司,公司广告,热门产品,各国公司信息等。

(2) 所有大类产品界面:列出所有产品大类以及各大类包含的具体产品,点击具体的产品可直接查看该产品的搜索结果。

(3) Top Companies 界面:展示发布公司广告的供应商,可查看公司广告详情。

(4) All Companies 界面:展示所有供应商,可查看供应商店铺。

(5) Markets(B2B Source)界面:展示所有采购需求,可查看采购需求详情。

(6) 各国供应商界面:可按照国家查看供应商。

2. My B2B(后台操作)

B2B 网站后台操作平台,可以在这里进行 B2B 网站的各项操作,如发布产品、管理产品、发布采购需求、管理采购需求、完善公司信息、装修店铺等。

3. 建站管理

(1) 管理公司信息:完善公司信息,填写主营产品、选择公司形象图、查看营业执照、专利证书、荣誉证书、商检证书等。

(2) A&V 认证:A&V 实地认证操作,实地认证是为了完善供应商准入机制,保障网站供应商身份真实有效,为买家提供更加真实有效的交易环境,确保买家在网站上放心交易,完成认证后,相应的公司信息前有醒目的认证标识。

(3) 管理能力评估报告:可以可查看企业能力评估报告(Supplier Assessment Report)与主营产品认证报告(Main Product Lines Verification Report)。

(4) 管理全球旺铺:可以个性化装修店铺。

4. 采购需求

(1) 发布采购需求:高仿真模拟阿里巴巴国际站发布采购需求界面,可填写内容包括产品关键词、需求数量、需求详细内容、贸易术语、期望单价、目的港、支付方式等贸易信息。

(2) 查看采购需求:可以查看采购需求详情。

(3) 管理采购需求:可以查看、编辑、关闭已发布的采购需求。

(4) 搜索采购需求:专业的采购需求搜索网站市场,可以搜索、查看进口商发布的采购需求,出口商可方便快捷的寻找到交易对象。

5．产品管理

（1）发布产品：高仿真模拟阿里巴巴国际站发布产品界面，选择产品大类后再填写详情（包括产品名称、产品关键词、产品图片、产品属性、交易信息、物流信息、产品详细信息等），各大类产品均有相对应的编辑界面。

（2）查看产品详情：可以查看产品详情。

（3）搜索产品：专业的产品搜索网站，可以按产品名称、关键词搜索产品，便于进口商查看产品详情，寻找到适合交易的产品。

（4）管理产品：可以查看、编辑、下架已发布的产品。

（5）管理认证产品：可以将产品设置为认证产品且可排序，认证产品标题前有醒目的"Main"标识，店铺内有醒目的认证产品展位供展示。

（6）管理橱窗产品：可以将产品设置为橱窗产品且可排序，店铺内有醒目的橱窗产品展位供展示。

（7）产品分组与排序：可以自定义设置产品分组以及排序规则，在店铺内可以按照设置的分组与排序查看产品。

（8）图片银行：展示所有产品的主图、附图，公司形象图、公司头像标识以及店铺横幅。

6．我的店铺

（1）店铺首页：可以查看店铺资料、认证产品、橱窗产品、最新产品等。

（2）店铺产品大类：可以按照设置的分组与排序规则查看店铺内的产品。

（3）店铺资料：可以查看店铺联系资料包括公司名称、所属国家、主营产品、其他产品、法人姓名、账号等信息，进口商可方便快捷地联系对方，建立业务关系。

（4）搜索店铺：可以搜索店铺，进入他人店铺查看具体信息。

7．我的外贸服务

金品诚企：加入金品诚企，主要是帮助企业做外贸批发业务推广，成为金品诚企后可以在 B2B 网站获得 10 个主营产品认证（独特标识）、40 个橱窗产品展示机会，查看企业能力评估报告（Supplier Assessment Report）与主营产品认证报告（Main Product Lines Verification Report）等服务，还可以获得进口商的更多关注，从而让你的公司脱颖而出。

8．收藏夹

可以收藏感兴趣的产品与店铺。

（二）发布采购需求

作为进口商，可以在 B2B 跨境电商平台中发布的需要购买的产品信息，主要以介绍需要采购的产品为主，方便供应商了解进口商采购需求，及时和进口商取得联系。

方法：登录 B2B 跨境电商平台—My B2B—采购需求 B2B Source—发布采购需求 Post Buying Request，填写相关信息，如图 1-13 所示。

发布示例如图 1-14 所示。

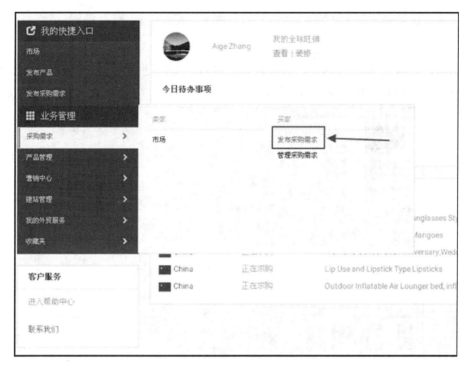

图 1-13 "采购需求"填写界面

图 1-14 "采购需求"发布界面

(三) 查看采购需求

发布采购需求后可以在 B2B 网站被搜索查看到,出口商可以通过采购需求详情里面账号与进口商建立业务关系,如图 1-15 所示。

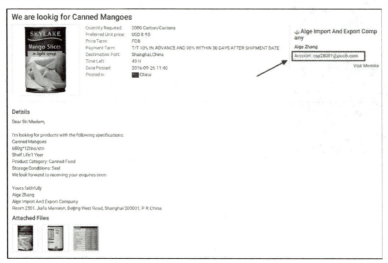

图 1-15 "采购需求"完整界面

(四) 发布产品

作为出口商发布产品信息是 B2B 跨境电商平台建设的基础,也是最关键的一步,方便买家了解出口商的产品,可以及时和出口商取得联系。

方法:登录 B2B 跨境电商平台—My B2B—产品管理 Products—发布产品 Display a New Product,填写相关信息,如图 1-16 所示。

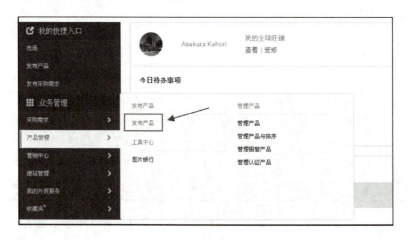

图 1-16 "发布产品"界面

选择产品类目,如图 1-17 所示。

图 1-17 "选择产品类目"界面

填写产品详情,如图 1-18 所示。

(五) 查看产品

发布产品后可以在 B2B 网站被搜索查看到,进口商可以通过产品详情里的账号与出口商建立业务关系,如图 1-19 所示。

图 1-18 "产品详情"界面

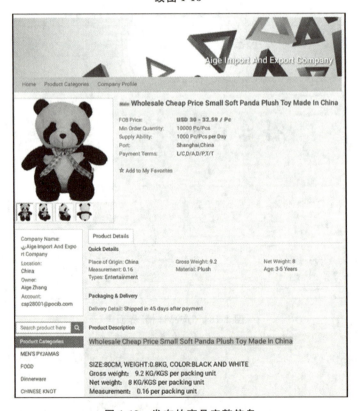

续图 1-18

图 1-19 发布的商品完整信息

（六）我的店铺

在B2B跨境电商平台中，每家公司都有自己的B2B店铺，公司发布的产品都可以在自己的店铺里展示，且可以被他人搜索查看到，如图1-20所示。

图1-20 "我的店铺"举例

项目二　价格核算

学习目标

知识目标：了解进出口价格计算和盈亏核算的内容和意义；熟知出口价格和进口价格的相关计算公式；掌握进出口价格计算和盈亏核算的方法。

技能目标：能够熟练计算商品的不同进出口价格和相关成本及费用项目；能够根据对方报价或还价做出正确的盈亏核算。

素质目标：培养并践行外贸从业者的法治意识和职业道德；培养认真、细致、严谨、高效的职业素养；遵守国家贸易法律法规；培育并践行社会主义核心价值观。

任务一　出口价格核算

一、理论知识

一名合格的外贸业务员，在面对客户询盘时，必须能够熟练地核算并报出自己产品的价格；在面对客户讨价还价时，必须能够熟练地核算盈亏并正确判断是否可以按客户的还价成交。这是外贸业务员必须掌握的技能。商品的价格一般由成本、费用和利润三部分构成。在进出口业务中，采用不同的贸易术语成交，买卖双方承担的风险、责任和费用不同，最终报价也不同。另外，核算商品的出口价格还需要考虑选择采用何种外币计价，并进行本币和外币间的转换。

（一）出口商品的价格构成与计算

出口商品价格的构成包括成本、费用、利润三大要素。不同贸易术语包括的费用不同，因此费用部分可以分成两大部分：一是国内费用；二是国外运费和保险费。

1. 实际采购成本

商品的成本可分为生产成本、加工成本和采购成本三种类型。生产成本是指制造商生产产品所需的投入；加工成本是指加工商对成品或半成品进行加工所需的成本；采购成本是指贸易商从供应商处采购商品的价格，也称进货成本。

对于从事贸易的出口商而言，商品成本即为采购成本，是贸易商向供货商购买货物的支出。一般来讲，供货商所报的价格就是贸易商的采购成本。然而，供货商报出的价格一般包含税收，即增值税。增值税是以商品进入流通环节所发生的增值额为课税对象的一种流转税。由于出口商品是进入国外流通领域的，为了增加产品在售价上的竞争力，要将含税的采购成本中的出口退税部分予以扣除，从而得出实际采购成本。我国实行出口退税制，对不同的商品实施不同的退税率。出口商品是否享受退税及退税率可以在中国通关网、中国出口退税咨询网等网站查询。我国现行增值税属于比例税率，根据应税行为分为13%、9%、6%三档税率。

在实施出口退税制度的条件下，出口商在核算价格时，须将含税的采购成本中的税收部分按出口退税税率予以扣除，以得出实际采购成本。在我国的出口实践中，采购成本中一般包含了13%的增值税，但增值税的征收和退还是根据货物本身的价格（即不含税的价格）而不是采购成本（含增值税的），因此：

采购成本＝货价＋增值税税额（其中：增值税税额＝货价×增值税税率）
　　　　＝货价＋货价×增值税税率
　　　　＝货价×(1＋增值税税率)

所以，货价＝采购成本÷(1＋增值税税率)

出口退税税额＝货价×出口退税税率

实际采购成本＝采购成本－出口退税税额
　　　　　　＝货价×(1＋增值税税率)－货价×出口退税税率
　　　　　　＝货价×(1＋增值税税率－出口退税税率)
　　　　　　＝采购成本÷(1＋增值税税率)×(1＋增值税税率－出口退税税率)

采购成本÷(1＋增值税税率)＝实际采购成本÷(1＋增值税税率－出口退税税率)

采购成本＝实际采购成本÷(1＋增值税税率－出口退税税率)×(1＋增值税税率)

由此，得出如下公式：

采购成本＝实际采购成本×(1＋增值税税率)÷(1＋增值税税率－出口退税税率)

实际采购成本＝采购成本×(1＋增值税税率－出口退税税率)÷(1＋增值税税率)

退税收入＝采购成本÷(1＋增值税税率)×出口退税税率

例如："白鸽牌"自行车每辆的采购成本是165元，其中包括13%的增值税，若自行车的出口退税税率为10%，计算每辆自行车的实际采购成本。

解："白鸽牌"自行车的实际采购成本为
　　采购成本×(1＋增值税税率－出口退税税率)÷(1＋增值税税率)
　　＝165×(1＋13%－10%)÷(1＋13%)≈150.4（元/辆）

2. 国内费用（expenses/charges）

国内费用项目较多，包括商检费、报关费、出口税、银行费用及其他相关费用。

1) 商检费

商检费是海关对出口商申请的出口商品进行检验、检疫、鉴定后收取的相关费用。在POCIB中，商检费＝报价总金额×报检手续费率。

2) 报关费

报关费是指报关代理企业为客户提供报关服务后,向客户收取的服务费用及代垫费用。在POCIB中,报关费为一笔固定的费用,可在POCIB平台的海关网站查询。

3) 出口税

依据《中华人民共和国进出口关税条例》和《中华人民共和国海关进出口税则》,对于出口商品从价征收出口关税。为更好地鼓励本国产品的出口,许多国家只对关系国计民生、本国稀有储备或高科技产品等征收出口关税。

$$出口商品应纳关税 = 出口商品完税价 \times 出口关税税率$$

出口商品完税价与出口合同中所选择的贸易术语有关,即:

以FOB/FCA价成交,出口商品完税价=FOB/FCA价÷(1+出口关税税率);

以CFR/CPT价成交,出口商品完税价=(CFR/CPT价-运费)÷(1+出口关税税率);

以CIF/CIP价成交,出口商品完税价=(CIF/CIP价-运费-保险费)÷(1+出口关税税率)。

4) 银行费用

不同结算方式下,银行收取的费用不同,即使是同一结算方式,不同银行收取的费用也是不尽相同的。在POCIB中,信用证开证费率为0.13%(不包括修改费用、不符点处理费及承兑费用),托收和电汇费率低一些,为0.1%。

$$银行费用 = 报价总金额 \times 银行费率$$

有时,出口企业由于周转资金短缺而无法向国内供应商采购货物,可向银行提出融资申请,银行通过审核出口企业的资信状况以及交易的真实性等,给予企业相应的贷款,企业向银行支付的这部分贷款利息是因为该笔出口交易产生的,因此贷款利息应计入成本。

在POCIB中,贷款无法严格限定是某笔合同的,所以贷款利息不计入预算表。

5) 其他费用

其他费用包括出口商品的加工整理费、包装费用、保管费用、证件费用、产地证费用、申请鉴定费用、T/T方式下的DHL寄单费以及场地费等。

其中,证件费用是指报检时申请"品质证书""数量/重量证书""健康证书""植物检疫证书"等证书时海关收取的费用。

在POCIB中,具体需要哪些证书应由进出口双方在磋商中决定,并订立在合同的"Documents"一栏中;各个证书的收费标准可在"海关(检验检疫)"网站的"费用查询"中进行查询。

在出口报价中,国内费用所占的比重虽然不大,但其内容繁多,且计算方法又不尽相同,因而成为价格核算中较为复杂的一个方面,在实务中往往采用定额费率法。

3. **国外运费和保险费**(freight and insurance premium)

出口报价中是否包括国外运费和保险费主要取决于合同中使用的贸易术语,如选用FOB或FCA,则不必考虑这两项费用;如选用CFR或CPT,则须加上国外运费;如选用CIF或CIP,就需要在报价上把国外运费和保险费都加上。

1) 国际出口运费

若交易选用的贸易术语为CFR、CPT,或CIF、CIP,需要计算出口运费,不同的运输方式运费的计算方法不同。现简要介绍海运费和航空运费的计算方法。

(1) 海运费的计算。

随着国际航运业的发展和造船技术的进步,现代国际海运中集装箱占据了重要地位,因此这里主要介绍集装箱运费的计算。根据集装箱货物装箱数量和方式可分为整箱和拼箱两种。

①整箱装。首先选择好集装箱类型、规格和数量(不同规格集装箱可混选),在海运业务操作中集装箱主要分为 20 英尺集装箱和 40 英尺集装箱两种。在 POCIB 中,20 英尺集装箱的有效容积为 33 立方米,限重 25 吨;40 英尺集装箱的有效容积为 67 立方米,限重 29 吨。然后查询此航线对应所选集装箱的运费,再计算总的海运费,往往以每个集装箱作为计费单位,即包箱费率。集装箱的包箱费率有三种规定方法:

一是 FAK(freight for all kinds)包箱费率,即不分货物种类,也不计货量,只规定统一的每个集装箱收取的费率;

二是 FCS(freight for class)包箱费率,即按不同货物等级制定的包箱费率;

三是 FCB(freight for class&basic)包箱费率,即按不同货物等级或货物类别以及计算标准制定的费率。

在实际业务中,许多班轮公司根据自己的需要,制定了不同的包箱费率,即使是同一家班轮公司,不同航线也可能采用不同的包箱费率。

②拼箱装。沿用传统的件杂货运费计算方法,即以每运费吨作为计费单位,运价表上常注记 M/W(measurement/weight)或 R/T(revenue ton),表示船公司将就货品的重量(吨)或体积(立方米)二者中择其运费较高者计算。

按体积计算,F_1＝单位基本运费(MTQ)×总体积。

按重量计算,F_2＝单位基本运费(TNE)×总毛重。

取 F_1、F_2 中较大的一个。

(2) 航空运费的计算。

航空运费(weight charge),是指承运人将一票货物自始发地机场运至目的地机场所收取的航空运输费用。该费用根据每票货物所适用的运价和货物的计费重量计算而得:

$$航空运费＝运价×计费重量$$

①运价。航空公司对运价通常有以下四种规定方法:一是普通货物运价(general cargo rate),是指除了等级货物运价和指定商品运价以外的适合于普通货物运输的运价;二是指定商品运价(specific commodity rate),是指适用于自规定的始发地至规定的目的地运输特定品名货物的优惠运价,往往是为了促进某地区某一类货物的运输,通常情况下,指定商品运价低于相应的普通货物运价;三是等级货物运价(commodity classification rate),是指适用于规定的地区或地区之间的少数货物的运输,往往是在普通货物运价的基础上增加或减少一定的百分比;四是最低运费(minimum charge),是指一票货物自始发地机场至目的地机场航空运费的最低限额。货物按其适用的航空运价与计费重量计算所得的航空运费,应与货物最低运费相比,取高者。

②计费重量(chargeable weight)。计费重量是指用以计算货物航空运费的重量。货物的计费重量或者是货物的实际毛重,或者是货物的体积,取两者之中较高者。

在组织一票货物自始发地至目的地运输的全过程中,除了航空运输外,还包括地面运输、仓储、制单、国际货物的清关等环节,提供这些服务的部门所收取的费用即为其他费用。由于货物的运价是指货物运输起讫地点间的航空运价,按运价和计费重量计算出的航空运费就是指始发地机场至目的地机场间的运输货物的航空费用,不包括其他费用。因此,在实务中计算航空运费时,除了航空运输费用外,还应加上其他费用。

2) 保险费

买卖合同采用 CIF/CIP 贸易术语时,保险由出口方办理,因此,有必要进行保险费的核算。保险费是通过确定保险金额后乘以一定的保险费率得到的。

$$保险费 = 保险金额 \times 保险费率$$

$$保险金额 = CIF 货价 \times (1 + 投保加成率)$$

由于保险金额的计算是以 CIF/CIP 价为基础的,因此,对外报价时需要将 CFR/CPT 价变为 CIF/CIP 价,或是在 CFR/CPT 合同项下买方要求卖方代为投保时,均不应以 CFR/CPT 价为基础直接加保险费来计算,而应先将 CFR/CPT 价换算为 CIF/CIP 价后再求出相应的保险金额和保险费,FOB/FCA 同理。

(1) 按 CIF/CIP 进口时:保险金额 = CIF/CIP 货价 × (1 + 投保加成率)。

(2) 按 CFR/CPT 进口时:保险金额 = CFR/CPT 货价 × (1 + 投保加成率) ÷ [1 − (1 + 投保加成率) × r],其中 r 为保险费率(下同)。

(3) 按 FOB/FCA 进口时:保险金额 = (FOB/FCA 货价 + 海运费) × (1 + 投保加成率) ÷ [1 − (1 + 投保加成率) × r]。

注意:根据保险公司规定,如同时加保战争险与罢工险两项险别,保险费率不累加,仍按只投其中一种险别的费率计算。

4. 预期利润(expected profit)

利润是企业的收入,其核算的方法由企业自行决定,可以以某一固定的数额作为单位商品的利润额,也可以用一定的百分比作为利润率来核算利润额,其计算基数可以是生产成本或是采购成本或是出口成本,也可以是销售价格。实际中往往采用后一种方法。

(1) 成本利润率。

成本利润率是以实际成本作为利润的计算基础,即

$$利润 = 成本 \times 利润率$$

$$价格 = 成本 + 利润 = 成本 + 成本 \times 利润率 = 成本 \times (1 + 利润率)$$

(2) 销售利润率。

销售利润率是以出口商品的销售价格作为利润的计算基础,即

$$利润 = 价格 \times 利润率$$

$$价格 = 成本 + 利润 = 成本 + 价格 \times 利润率$$

$$成本 = 价格 − 价格 \times 利润率 = 价格 \times (1 − 利润率)$$

$$价格 = 成本 ÷ (1 − 利润率)$$

5. 出口报价

将核算的成本、费用及利润累加起来,对外报出 FOB/FCA、CFR/CPT 和 CIF/CIP 价格。

$$FOB/FCA 价 = 实际成本 + 国内费用 + 预期利润$$

$$CFR/CPT 价 = 实际成本 + 国内费用 + 出口运费(F) + 预期利润$$

$$CIF/CIP 价 = 实际成本 + 国内费用 + 出口运费(F) + 出口保险费(I) + 预期利润$$

在外贸实践中,为了调动中间商或进口商推销和经营出口商品的积极性,增强相关商品

在国际市场的竞争力,从而扩大销售,出口企业会使用佣金和折扣。佣金(commission)是卖方或买方付给中间商为其对货物的销售或购买提供中介服务的酬金。折扣(discount, allowance, rebate)是卖方按照原价给买方一定百分比的价格减让,即在价格上给予适当的优惠。如果存在佣金和折扣,就需要相应调整出口报价。

在POCIB中,进出口商在报价时不需要考虑佣金和折扣。

(二) 出口盈亏核算

出口商品换汇成本和出口盈亏率是考核外贸企业经营管理水平的重要指标。

1. 出口换汇成本

出口商品换汇成本是用来反映出口商品盈亏的一项重要指标,在从中国出口的大多货物贸易中,它是指以某种商品的出口总成本与出口所得的外汇净收入之比,得出用多少元换回一美元。出口商品换汇成本如低于当时的银行的外汇买入价,则出口盈利;反之,则说明出口亏损。其计算公式如下:

$$出口换汇成本 = \frac{出口总成本(元)}{出口销售外汇净收入(美元)}$$

其中

$$出口总成本(退税后) = 采购成本 - 出口退税税额 + 定额费用$$

$$定额费用 = 采购成本 \times 定额费率$$

定额费率由各个企业自主决定,通常情况下为5%~10%。定额费用即前面所述的国内费用,构成较为复杂。

$$出口退税收入 = 采购成本 \div (1 + 增值税税率) \times 出口退税税率$$

出口销售外汇净收入是指出口商品按FOB价出售所得的外汇总收入。

2. 出口盈亏率

出口盈亏率是指出口盈亏额与出口总成本的比率。出口盈亏额是指出口销售人民币净收入与出口总成本的差额,前者大于后者为盈利;反之为亏损。其计算公式如下:

$$出口盈亏率 = \frac{出口销售人民币净收入 - 出口总成本}{出口总成本} \times 100\%$$

出口销售人民币净收入是指出口商品以FOB价出售所获得的外汇总收入按当时现汇买入价折算成人民币的金额。

(三) 出口预算表的填写

出口报价核算关系此笔交易是否能盈利及盈利多少,因此出口企业非常重视。在交易磋商阶段,进出口双方应首先确定交易产品、数量和贸易术语,出口商再根据工厂的采购成本填写出口预算表来计算报价,最终出口预算表上所填报价金额,在实务中作为出口企业最终报价的主要依据。计算报价之前出口企业先要明确相关的国内费用并将其填入预算表中(表2-1),包括收购价(含税进货价款)、商检费、报关费、银行费用等相关费用(如前面所述,业务实践中的国内费用包含内容较多,计算较为烦琐,因此往往确定定额费用率,简化计算),同时预计此笔交易的盈利率(也就是期望的盈利率),然后利用报价公式计算报价。

表2-1 出口成本预算表

有关项目	预算费用(RMB)		实际发生金额
汇率	RMB 1＝USD 0.1554 RMB 1＝ USD ▾ 0.1554		
成本栏	收购价(含税进货价款)RMB 100000.00 出口退税收入:RMB 11504.42 A. 实际采购成本:RMB 88495.58		0.00 0.00 0.00
费用	商检费:RMB 0.00 报关费:RMB 100.00 出口税:RMB 0.00 银行费用:RMB 209.14 其他:RMB 44.00 B. 国内费用:RMB 353.14		0.00 0.00 0.00 0.00 0.00 0.00
	出口总成本 C(FOB/FCA 成本):RMB 88848.71 C＝A+B　　USD 13807.09		
	出口运费 F:	USD 6699 RMB 43108.11	0.00 0.00
	CFR/CPT 成本:(＝C+F)	RMB 131956.82 USD 20506.09	0.00 0.00
	出口保费 I:RMB 1840.41 总保费率:8.8　　‰ 投保加成:130　　％ 投保金额:USD 32500		0.00 0.00 0.00 0.00
	CIF/CIP 成本:(＝C+F+I)	RMB 133797.23 USD 20792.09	0.00 0.00
报价栏	预期盈亏率:20.24　　％ 预期盈利额或亏损额 P:USD 4207.91 对外报价(FOB/FCA):(＝C+P) USD 0.00 对外报价(CFR/CPT):(＝C+F+P)USD 0.00 对外报价(CIF/CIP):(＝C+F+I+P)USD 25000		0.00 0.00 0.00 0.00 0.00

1. FOB/FCA 报价公式

$$\text{FOB/FCA 报价} = \frac{(\text{实际采购成本} + \text{报关费} + \text{其他}) \times (1 + \text{预期盈亏率})}{1 - (1 + \text{预期盈亏率}) \times (\text{商检手续费率} + \text{银行手续费率})}$$

在 POCIB 中,银行一般都设定最低费用,比如 200 元,若按银行费率计算出的银行费用少于 200 元,则按 200 元收费,那么 FOB/FCA 报价公式则为如下公式。

$$\text{FOB/FCA 报价} = \frac{(\text{实际采购成本}+\text{报关费}+\text{其他}+\text{银行最低手续费})\times(1+\text{预期盈亏率})}{1-(1+\text{预期盈亏率})\times\text{商检手续费率}}$$

虽然外贸企业的出口预算表各不相同,但内容大致相同,如表 2-1 所示。

2. CFR/CPT 报价公式

$$\text{CFR/CPT 报价} = \frac{(\text{实际采购成本}+\text{报关费}+\text{其他}+\text{出口运费})\times(1+\text{预期盈亏率})}{1-(1+\text{预期盈亏率})\times(\text{商检手续费率}+\text{银行手续费率})}$$

考虑银行最低手续费的情况下,则 CFR/CPT 报价公式为

CFR/CPT 报价 =

$$\frac{(\text{实际采购成本}+\text{报关费}+\text{其他}+\text{银行最低手续费}+\text{出口运费})\times(1+\text{预期盈亏率})}{1-(1+\text{预期盈亏率})\times\text{商检手续费率}}$$

3. CIF/CIP 报价公式

$$\text{CIF/CIP 报价} = \frac{(\text{实际采购成本}+\text{报关费}+\text{其他}+\text{出口运费})\times(1+\text{预期盈亏率})}{1-(1+\text{预期盈亏率})\times(\text{商检手续费率}+\text{银行手续费率}+\text{保险费率}\times\text{投保加成})}$$

考虑银行最低手续费的情况下,则 CIF/CIP 报价公式为

CIF/CIP 报价 =

$$\frac{(\text{实际采购成本}+\text{报关费}+\text{其他}+\text{银行最低手续费}+\text{出口运费})\times(1+\text{预期盈亏率})}{1-(1+\text{预期盈亏率})\times(\text{商检手续费率}+\text{保险费率}\times\text{投保加成})}$$

二、实训指导 2-1

在 POCIB 中,蓝海公司与绿河公司经邮件往来,拟确定交易详情如下:交易商品为 CHINESE CERAMIC CUP(瓷杯),数量为 25000 UNITS,贸易术语为 CIF Rio De Janeiro。通过商品的 H. S. 编码在"海关"机构网站查得:该商品的增值税税率为 13%,退税税率为 13%,出口税率为 0%,蓝海公司把这笔合同的预期盈亏率设定为 20%。可要求学生使用 Excel 表格制作出口预算表和海运运费计算表,将各项信息和计算公式预先在 Excel 表中设定和录入好,便于后续计算和调整报价。

蓝海公司拟向绿河公司报价,并填写出口预算表(见表 2-1)。

1. 汇率

本币与美元:填写人民币与美元汇率 RMB 1=USD 0.1554。

本币与合同币别:选择合同币别为 USD,RMB 1=USD 0.1554。

2. 成本栏

从生产工厂采购的 CHINESE CERAMIC CUP(瓷杯)的价格为 4 元/只(含增值税,税率为 13%)。

收购价 = 国内工厂商品单价×交易数量 = 4×25000 = RMB 100000

出口退税收入 = 采购成本÷(1+增值税税率)×出口退税税率 = 100000÷1.13×0.13
            = RMB 11504.42

实际采购成本 = 收购价 − 出口退税收入 = 100000 − 11504.42 = RMB 88495.58。

3. 国内费用

因为本案例选用的贸易术语为 CIF,因此费用包括国内费用、海运运费和海运保险费。

计算报价之前,先在"城市中心"的相关机构网站上查询得到以下固定的国内费用,并将其填入预算表中,包括:出口报关费100元,出口商检手续费率为0%(通过H.S.编码查询该商品没有监管条件B),出口税为0,L/C付款方式下的出口地银行入账手续费率为0.13%(最低200元),其他费用44元(双方确定申请一份普惠制产地证,不需要申请其他商检证书)。

通过计算该商品的海运运费,运输25000只瓷杯从中国上海港到巴西里约热内卢港,货物需要装一个40英尺的高柜,运费为6699美元。出口商按发票金额的130%给该批货物投保海运一切险、战争险和罢工险,保险费率为8.8‰,保险费为1840.41元。

4. 报价

根据前述CIF对外报价计算公式,经过对美元单价取整后,可得CIF总价报价为160875.16元,从而计算:

银行费用=合同金额×L/C入账手续费率=160875.16×0.0013=RMB 209.14

该商品没有监管条件B,故不需要出口报检,出口商检费为0。

这几项费用计算出来之后,出口预算表里的其他费用也随之明晰了:

国内费用=商检费+报关费+出口税+银行费用+其他费用
=0+100+0+209.14+44=RMB 353.14

出口总成本(FOB成本)=实际采购成本+国内费用
=88495.58+353.14=RMB 88848.71 (USD 13807.09)

CFR成本=FOB成本+出口运费=88848.71+43108.11
=RMB 131956.82(USD 20506.09)

CIF成本=CFR成本+出口保费
=131956.82+1840.41=RMB 133797.23(USD 20792.09)。

5. 盈亏核算

预期盈亏额=CIF报价−CIF成本
=160875.16−133797.23=RMB 27077.93(USD 4207.91)

预期盈亏率=预期盈亏额÷CIF成本×100%
=27 077.93÷133 797.23=20.24%

计算证明,最后的盈亏率符合预期要求,即当CHINESE CERAMIC CUP(瓷杯)的单价为USD 1.00时,蓝海公司的盈利在20.24%左右。蓝海公司可以给绿河公司正式报价。

任务二 进口报价核算

一、理论知识

当出口商报价后,进口商需要进行进口价格核算,如果利润合理就可以接受报价,如果利润很少甚至亏损的话可以向出口商还盘。进口商品价格核算是指外贸公司对进口商品的合同价格、进口关税以及各项费用的核算,以确定合理的利润留成,制定正确的销售价格。进口价格核算中国际运费、保险费和其他费用的核算与出口报价核算相似,但在进口关税核算和进口环节代征税的计算方面存在差异。

(一) 进口商品价格的构成与计算

进口商品价格的构成包括进口合同价格、费用、利润三大要素。不同贸易术语包括的费用不同,与出口价格核算一样,费用可以分成两大部分:一是国内费用;二是国外运费和保险费。其中,国外运费和保险费的计算与出口报价核算相同。

1. 进口合同价格

进口合同价格在进口合同成立之前是一种估价,它是买卖双方通过磋商可以取得一致意见的合同价格,也可以被认为是进口方争取以此达成交易的基础合同价格。在合同成立后,该价格就是合同写明的商品价格。

2. 国内费用

进口商品的国内费用包括商检费、报关费、进口关税、进口环节代征的商品流转税及其他相关费用。需要注意的是,不同于出口报价核算中的国内费用,进口商品须交纳进口关税和海关代征的商品流转税,如增值税、消费税等。

1) 进口关税

进口关税税额的计算可分为从价关税计算和从量关税计算:

$$从价关税税额 = 完税价格 \times 适用的进口关税税率$$

$$从量关税税额 = 进口货物数量 \times 适用的单位税额$$

另外,还有采用复合关税的做法。但是,目前进口关税大都是从价计征的。

海关在征收关税的工作中,要做到依率计征,除了要对进出口货物进行税则归类,确定应按哪个税号的适用税率征税外,还要正确审定计征关税的完税价格,完税价格即海关完税价格,是海关计征关税的依据。

进口完税价格由海关以进口货物的成交价格为基础审核确定。我国进口商品完税价格一般是以 CIF 价作为完税价格,因此若是以 CFR 价或 FOB 价成交,需要将其换算为 CIF 价。

(1) 以 CIF/CIP 价格成交:完税价格是成交价格,即完税价格=CIF 价格。

(2) 以 CFR/CPT 价格成交:

$$完税价格 = \frac{CFR 或 CPT 价格}{1-(1+投保加成率)\times 保险费率}$$

(3) 以 FOB/FCA 价格成交:

$$完税价格 = \frac{FOB 或 FCA 价格 + 国外运费}{1-(1+投保加成率)\times 保险费率}$$

由此,可以计算进口应纳关税税额:

$$应纳关税税额 = 关税完税价格 \times 适用关税税率$$

2)进口环节代征税的计算

根据《中华人民共和国海关法》(以下简称《海关法》)的规定,在进口环节,海关代征的国内税主要涉及消费税和增值税。增值税的计征采用从价税,而消费税的征税标准包括从价标准、从量标准和复合标准。

(1)消费税。

消费税是针对进口烟、酒、化妆品、护肤护发品、贵重首饰等商品征收的。我国消费税采用价内税,即计税价格组成中包括消费税税额。因此:

$$应纳消费税税额 = 计税价格 \times 适用消费税税率$$

$$计税价格 = 关税完税价格 + 关税 + 消费税$$

其中,关税完税价格即上述进口货物完税价格。故公式可整理为:

$$计税价格 = [关税完税价格 \times (1 + 适用关税税率)] \div (1 - 适用的消费税税率)$$

实行从量定额征收应税消费税,以海关核定的应税消费进口数量为计税依据,计算公式为:

$$应纳消费税税额 = 应纳税进口数量 \times 适用定额税率$$

(2)增值税。

增值税属于价外税,由组成应纳增值税价格与适用的增值税税率计算所得,即:

$$应纳增值税税额 = 组成计税价格 \times 适用税率 \times 应税进口数量$$

$$组成计税价格 = 关税完税价格 + 关税 + 消费税$$

其他相关费用的核定与出口报价中类似,此处不再赘述。

(二) 进口盈亏核算

进口商经营进口业务的最终目的是盈利,通过进口商品盈亏核算可以得出一笔交易的盈亏率,从而决定是否成交或为以后的交易计划提供参考。进口盈亏率是指进口盈亏额和进口总成本之间的比率,即:

$$进口盈亏额 = 进口销售收入 - 进口总成本$$

$$进口盈亏率 = 进口盈亏额 \div 进口总成本 \times 100\%$$

进口总成本是指除了进口商利润以外进口商品进入进口国市场销售之前的所有成本和费用之和。

$$进口总成本 = 进口合同价格 + 各种费用$$
$$= FOB/FCA 价 + 运费 + 保险费 + 进口关税 + 消费税 + 增值税 + 其他费用$$

(三) 进口预算表的填写

同出口商的出口报价核算一样,进口商在做出接受出口商发盘或还盘的决定之前先要明确相关的国内费用并将其填入预算表(表 2-2),包括进口合同价格、进口关税及进口环节代征税、报关费、商检费、银行费用等相关费用(同出口报价核算一样,在实践中,国内费用包含内容较多,计算较为烦琐,因此往往确定定额费用率,以简化计算),然后利用成本公式计算不同贸易术语下的进口商品成本。

表 2-2　进口成本预算表

项目或标号	预算项目（BRL）	实际发生金额
汇率	BRL 1＝USD 0.5243 BRL 1＝USD ▾ 0.5243	
1	FOB/FCA 成交价　USD 0.00 BRL 0.00	0.00 0.00
2	国外运费：USD 0.00 BRL 0.00	0.00 0.00
3	CFR/CPT 成交价：（＝1＋2）USD 0.00 BRL 0.00	0.00 0.00
4	国外保费：BRL 0.00 总保费率：0.00　％ 投保加成：0.00　％ 投保金额：USD 0.00	0.00 0.00 0.00 0.00
5	CIF/CIP 成交价：（＝3＋4）USD 25000.00 BRL 47682.62	0.00 0.00
6	进口关税：BRL 3337.78	0.00
7	完税成本：（＝5＋6）BRL 51020.41	0.00
8	商检费：BRL 119.21 报关费：BRL 27.00 消费税：BRL 0.00 增值税：BRL 6632.65 其他：BRL 0.00 国内费用：BRL 6778.86	0.00 0.00 0.00 0.00 0.00 0.00
9	银行费用：BRL 143.99 信用证费用：BRL 82.00 信用证付款手续费：BRL 61.99 D/A、D/P 付款手续费：BRL 0.00 T/T 付款手续费：BRL 0.00	0.00 0.00 0.00 0.00 0.00
10	总成本：（＝7＋8＋9）BRL 57943.26 USD 30379.65	0.00 0.00
11	国内市场销货收入：BRL 62750.00	0.00
12	（预期）盈亏额：（＝11－10）BRL 4806.74 预期盈亏率：8.30　％	0.00 0.00

FOB/FCA 进口商品成本＝FOB/FCA 进口合同价＋运费＋保险费
　　　　　　　　　　　＋进口国内费用＋进口税费

$$CFR/CPT\text{进口商品成本} = CFR/CPT\text{进口合同价} + \text{保险费}$$
$$+ \text{进口国内总费用} + \text{进口税费}$$
$$CIF/CIP\text{进口商品成本} = CIF/CIP\text{进口合同价} + \text{进口国内总费用} + \text{进口税费}$$

二、实训指导2-2

绿河公司收到蓝海公司发来的报价邮件后,可以根据蓝海公司的报价(USD 1.00/UNIT),以及进口关税税率7%、增值税税率13%等,核算出该笔贸易的成本和利润,从而确定这个报价是否合理,自己是否能够接受。可要求学生使用Excel表格制作进口预算表和海运运费计算表,将各项信息和计算公式预先在Excel表中设定和录入好,便于后续计算和调整价格。进口成本预算详见表2-2。

1. 汇率栏

本币与美元:填写巴西雷亚尔与美元的汇率BRL 1=USD 0.5243(汇率有变动,仅供参考,后同)。

本币与合同币别:选择合同币别为USD,BRL 1=USD 0.5243。

2. FOB/FCA 成交价

因为本案例使用CIF贸易术语成交,故此项可以不填。

3. CFR/CPT 成交价

因为本案例使用CIF贸易术语成交,故此项可以不填。

4. CIF/CIP 成交价

根据出口商提供的CIF报价,CIF成交价=USD 25000(BRL 47682.62)。

5. 国内费用

1) 进口关税及进口环节代征税

进口关税=CIF成交价×进口关税税率=47682.62×0.07=BRL 3337.78

完税成本=CIF成交价+进口关税=47682.62+3337.78=BRL 51020.41

根据商品H.S.编码在"海关"机构网站查得该商品的消费税税率为0。

增值税=(完税成本+消费税税额)×增值税税率
=(51020.41+0)×0.13=BRL 6632.65

2) 其他费用

商检费=进口商检手续费=CIF成交价×商检手续费率
=47682.62×0.0025=BRL 119.21

在"海关"机构网站查得报关费为BRL 27,可得:

国内费用=商检费+报关费+消费税+增值税+其他费用
=119.21+27+6632.65=BRL 6778.86

6. 进口总成本

信用证付款手续费=CIF成交价×L/C付款手续费率
=47682.62×0.0013=BRL 61.99

在银行机构网站查到信用证开证费用为BRL 82。

银行费用=信用证费用+信用证付款手续费=61.99+82=BRL 143.99

总成本＝完税成本＋国内费用＋银行费用＝51020.41＋6778.86＋143.99＝BRL 57943.26(USD 30379.65)。

7. 进口盈亏核算

在"市场"查得12010(瓷杯对应编号)的销售单价为2.51巴西雷亚尔,则

国内市场销货收入:2.51×25000＝BRL 62750

(预期)盈亏额＝国内市场销货收入－总成本＝62750－57943.26＝BRL 4806.74

预期盈亏率＝预期盈亏额÷总成本＝4806.74÷57943.26＝8.30％。

计算得出,该笔贸易的盈亏率在8.30％左右,即:如果绿河公司接受蓝海公司发来的报价(USD 1.00/UNIT),可以盈利8.30％;当然,如果绿河公司觉得报价偏高或者希望赚得更高的利润,可以发邮件给蓝海公司进行还盘,使蓝海公司降低报价。

项目三 交易磋商及合同订立

学习目标

知识目标：了解交易磋商的内容和程序；熟知《联合国国际货物销售合同公约》对磋商程序的相关规定；知道国际货物买卖合同成立的条件及其形式与内容。

技能目标：能够与国外客户开展国际贸易的交易磋商；具备处理与交易磋商相关争议的能力和达成正式合同的能力；能够正确拟定国际货物买卖合同。

素质目标：培养并践行外贸从业者的法治意识和职业道德；培养认真、细致、严谨、高效的职业素养；培养重合同、守信用，遵纪守法、诚实守信的素养；培养良好的表达能力和人际沟通能力；遵守国家贸易法律法规和国际贸易规则；培育并践行社会主义核心价值观。

任务一 询 盘

一、理论知识

交易磋商工作的好坏直接影响合同的签订及履行，直接关系将来买卖双方的权利、义务和经济利益，是做好进出口贸易的关键所在。因此，在磋商之前，进出口双方都应当做好准备工作；在磋商的过程中，进出口商不仅要注意磋商的合理形式和表达方法，更应当注意每一个步骤的作用和法律效果。

交易磋商(business negotiation)是指在国际贸易中，进出口双方就商品的各项交易条件进行谈判，以期达成一致的过程。进出口交易磋商的内容，主要是围绕买卖某种商品的各项交易条件，如合同的标的(货物的品名、品质、数量、包装)、价格与支付条款、交货条件(运输、保险)、预防与解决争议的条款(检验、索赔、不可抗力和仲裁)等进行协商。其中品名、品质、数量、包装、价格、装运、支付等七项为主要内容或主要交易条件(main terms and conditions)。买卖双方欲达成交易、订立合同，至少须就这七项交易条件进行磋商并取得一致意见。

在外贸业务中,交易磋商的程序一般包括询盘、发盘、还盘和接受四个环节。其中,发盘和接受是达成交易、合同成立不可缺少的两个基本环节和必经的法律步骤。

(一) 询盘的含义

询盘(inquiry/enquiry)是指交易一方欲购买或出售某种商品而向交易的另一方询问买卖该种商品的有关交易条件。询盘可以由买方发出,也可以由卖方发出,实践中多为进口商对出口商品价格的询问,因此也常称作询价。进口商通常在收到出口商希望建立业务关系的信函,或者看到出口商通过网络等渠道发布的信息后,如觉得商品等基本情况适合自己,就可以向出口商询盘。

询盘的内容可涉及价格、规格、品质、数量、包装、装运以及索取样品等。询盘不是每笔交易必经的程序,如交易双方彼此都了解情况,不需要向对方探询成交条件或交易的可能性,则不必使用询盘,可直接向对方发盘。

询盘只是探询买或卖的可能性,所以不具有法律上的约束力,询盘的一方对能否达成协议不负有任何责任。因此,询盘的内容既要使对方能够按照自己的意向提供报盘资料,又要防止过早透露采购数量、价格等意图,被对方摸到底细。

(二) 询盘的种类和询盘函的写作

1. 询盘的种类

根据所要达到的目的,询盘可分为以下四类。

(1)询盘的目标明确且专业。这类询盘的特点包括:买家信息全面(联系方式齐全)、所需产品明确(规格数量等)、询问事宜专业但内容简明扼要。对于此类询盘要在第一时间专业、准确、全面细致地回复。

(2)询盘的目标明确但非专业。这类询盘所需商品明确,但少了一些专业的问题,说明买家无此类产品的采购经验,对产品不一定了解,但是可以通过邮件,感觉对方对产品的需求程度。通常他们是潜在客户,应及时跟踪建立初步的业务关系。

(3)询盘的目标不明确。这类询盘多数是通过贸易平台转来的询盘,有固定的模板格式,较大可能是直接要求发送产品资料和报价。这类询盘可以通过提问的方式跟进,根据回复情况进行过滤。

(4)询盘只为信息收集。这类询盘所提问题细致、专业,可能涉及各种参数,也可能需要提供样品。这样的询盘,大多数是同行或者竞争对手对此类产品的市场调查,需要谨慎对待。

2. 询盘函的主要内容

在具体询盘中,商家比较关心商品的具体信息、报价、交货和结算的要求,以及提供的商品目录和样品等。因此,询盘函一般包括以下主要内容。

(1)信息来源及感兴趣或欲求购之商品。
(2)简单的自我介绍。
(3)所需商品及交易细节。

（4）感谢合作及等候回复。

3．询盘函的常见表达方式

1）询盘函开头常用句式

Please quote for…

May I have your lowest price for…

Will you please give me a quotation for…

Could you make us an offer for…

Should I have your lowest quotation for…

We should be glad if you would quote for…

We'd like to have your quotation for…

2）询盘函主体常用句式

Will you please send us a copy of your catalogue, with details of the prices and terms of payment?（你方能向我发送一份带有你方价格和支付条件详细资料的目录吗？）

Please send us your catalogue and the information about your plastic toys advertised in the "International Business" magazine of May 28, 2022.（请向我方发送你方于2022年5月28日在《国际商务》杂志上广告的塑料玩具的目录和信息。）

As we are in the market for canned mango, we should be pleased if you would send us your best quotations.（我方市场上需要罐装杧果，如果你方能够向我方发送你方最优报价，我方将很高兴。）

Please quote us for the goods listed on the enclosed enquiry sheet, giving your prices CIF Guangzhou. Please also state your earliest delivery date, your terms of payment, and discounts for regular purchases.（请向我方报出被附在询盘表上的货物的广州到岸价格，并且请说明你方对于常规购买的最早交货期、支付条件和折扣。）

We have seen your advertisement in the "International Business" and should be glad if you would send us by return patterns and prices of good quality cottons available from stock.（我方已经看到了贵方在"国际商务"上的广告，如果你方能够给我方发送从存货中得到的优质棉花的样品和价格，我方将很高兴。）

POCIB对函电的评分对整体成绩的影响较大，需要注意以下几点。

(1) 选择正确的"业务种类"，明示标题。

(2) 选择合适的贸易函电格式书写函电，如齐头式、缩进式、混合式等。

(3) 使用正确的英文语法、无误的单词拼写来书写函电。

(4) 切忌用中文书写函电。

(5) 尽量使用自己的语言书写函电，使用百科例子中的语句书写得分会较低。

(6) 函电中双方应磋商贸易环节中的各项条款，如商品信息、贸易术语、支付方式等，如果双方磋商函电中没有这些内容，会影响得分。

二、实训指导3-1

POCIB的交易磋商主要通过消息系统来进行，业务交流的前提是双方已经建立贸易伙伴关系,建立业务关系的邮件可由出口商发送,也可由进口商发送,磋商邮件应使用英文。

在POCIB中,业务关系建立和买方询盘步骤如下。

(1) 绿河公司与蓝海公司建立业务关系:绿河公司回到业务主页面,点击"我的订单",进入市场开发的页面,点击右下方"开始新业务"(见图3-1),选择业务类型:进口业务。输入客户账号:蓝海公司账号(这里应输入想要建立业务关系的客户账号,即对方使用的登录账号,事先应向对方询问或在"我的市场"中"市场"的相关网站中查找),输入业务请求:

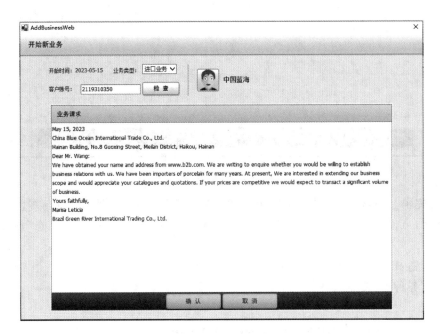

图3-1 开始新业务

May 15,2023

China Blue Ocean International Trade Co.,Ltd.

Hainan Building, No. 8 Guoxing Street, Meilan District, Haikou, Hainan

Dear Mr. Wang:

We have obtained your name and address from www.b2b.com. We are writing to enquire whether you would be willing to establish business relations with us. We have been importers of porcelain for many years. At present, We are interested in extending our business scope and would appreciate your catalogues and quotations. If your prices are competitive we would expect to transact a significant volume of business.

Yours faithfully,

Marisa Leticia

Brazil Green River International Trading Co.,Ltd.

填写完毕后,点击"确认"。

(2) 蓝海公司收到绿河公司发来的业务请求,点击页面右上方的消息按钮(见图3-2),可查到消息具体内容。

图 3-2　消息显示栏

（3）看完消息后，蓝海公司进入"我的订单"的市场开发页面，即可看到与绿河公司的该笔业务条目，点击"进入"按钮，在弹出页面中点击"业务联系"，再点击"写消息"回复邮件给绿河公司。

输入标题：Establish Business Relations

选择业务种类：其他

May 15，2023

Brazil Green River International Trading Co.，Ltd.

N0. 9 Avenida Pedro Calmon，Rio de Janeiro，Brazil

Dear Marisa：

We have your name and address from www.b2b.com that you are in the market for porcelain. We take this opportunity to write to you with a view to set up friendly business relations with you.

We are a state-owned company dealing specially with the export of porcelain. We are in a position to accept orders according to the customer's samples. In the customer's samples，request about the assorted pattern，specifications and package of the needed goods can be indicated particularly.

In order to give you a general idea of various kinds of the porcelain we are handling，we are airmailing you under separate cover our latest catalogue for your reference. Please let us know immediately if you are interested in our products. We will send our price list and samples to you as soon as we receive your specific inquiry.

Looking forward to your early reply.

Yours truly,

Eric Wang

China Blue Ocean International Trade Co., Ltd.

填写完毕后,点击"发送消息"(见图3-3)。

图3-3 建立业务关系

(4)绿河公司收到蓝海公司回复的业务请求,点击页面右上方的消息按钮,可查到消息具体内容。

看完消息后,绿河公司首先须确认本国进口港与对方出口港。进入"城市中心",点击标志为"国际货运有限公司"的建筑物,在弹出页面中点击"访问网站",在网站的"常用查询"中查看"航程及运费查询",从中查到巴西的港口为 Rio De Janeiro(里约热内卢),中国的港口为 Shanghai(上海)。

然后再进入"我的订单"的市场开发页面,即可看到与蓝海公司的该笔业务条目,点击"进入"按钮,在弹出画面中点击"业务联系",再点击"写消息",回复邮件给蓝海公司,向其询盘。

输入标题:Inquiry

选择业务种类:询盘

输入内容:

May 16,2023

China Blue Ocean International Trade Co., Ltd.

Hainan Building, No. 8 Guoxing Street, Meilan District, Haikou, Hainan

Dear Mr. Wang:

Our customers are interested in your Chinese Ceramic Cup and ask us to approach you for quotations and samples of the goods available for export now.

We shall appreciate it very much if you will quote us your lowest price CIF Rio De

Janeiro for 25000 units of the captioned products, indicating the earliest date of shipment and payment terms.

For your information, competition from similar makes is very keen here. Please see to it that your price is in line with the current market so that we can secure more orders for you.

We anticipate receiving your early reply.

Yours faithfully,

Marisa Leticia

Brazil Green River International Trading Co., Ltd.

填写完毕后,点击"发送消息"。有关所需商品的具体询盘函即发送至蓝海公司,其后等待蓝海公司的发盘。

任务二 发 盘

一、理论知识

(一) 发盘的含义

发盘(offer),又称发价,在法律上称为"要约",是买方或卖方向对方提出各项交易条件,并愿意按照这些条件达成交易、订立合同的一种肯定的表示。在实际业务中,发盘通常是一方收到对方询盘后提出的,但也可不经对方询盘而径向对方发盘。发盘人可以是卖方,也可以是买方。前者称为售货发盘(selling offer);后者又称购货发盘(buying offer)或递盘(bid)。

发盘是对发盘人具有法律约束力的"要约",发盘人在发盘的有效期限内不得任意撤销或修改发盘的内容。发盘一经对方在有效期限内表示无条件接受,发盘人将受其约束并承担按发盘条件与对方签订合同的法律责任。

一项法律上有效的发盘,须具备四个条件,即:发盘必须向一个或一个以上特定的人提出;发盘的内容必须十分确定;发盘必须表明订约意旨;发盘必须传达到受盘人。因此,一个有效的发盘除了必须内容明确、主要交易条件完备以外,发盘所表明的态度还应是终局性的。

(二) 发盘的方式与发盘函写作

1. 发盘的方式

为了达到发盘的准确性与完整性,在以邮件等形式正式发盘前须充分了解商品的货源、生产成本及有关仓储、运输、保险等情况,同时还应了解外国市场的有关信息,并以对方易于接受的方式和程序进行发盘。

通常,出口企业在发盘时首先考虑商品的价格,即企业根据产品的采购成本、出口退税税率、汇率及设定的利润率等要素进行计算后做出报价(quotation);在客户未提出具体术语要求时出口方多先按 FOB 术语报价,需要时出口企业可以自行编制相应的"出口成本预算表",以便术语和其他费用变化时灵活应对。其他主要交易条件可以按客户提出的具体要求再进行磋商。

2．发盘函的主要内容
一项规范的发盘应具备以下主要内容。
(1) 准确阐明各项主要交易条件。
(2) 声明此发盘的有效期及其他约束条件。
(3) 鼓励对方订货并保证供货满意。

3．发盘函常用表达方式
1) 发盘开头常用句式
Thank you for your inquiry of …
We thank you for your inquiry of …, we'd like to make you an offer for …
We have received your letter of … enquiring for … and now offer as follows：
In reply, we'd like to offer … for … days.

2) 发盘主体常用句式
Referring to your inquiry of May 28, 2022, we have quoted as below.(依据您 2022 年 5 月 28 日的询盘,兹报价如下。)

We have pleasure in offering you the following goods.(我方很高兴向你方对如下产品报价。)

We offer you 10 tons Frozen Shrimp at USD 800 per M/T CIF Liverpool(我方向你方就 10 吨冻虾发盘,每吨 800 美元,CIF 利物浦。)

We are making you an offer for 1000 dozens of Men's Shirt at USD 100 per dozen CIFC5％ Los Angeles for shipment in September.(我方现向你方报 1000 打男式衬衫,每打 100 美元,含 5％佣金,CIF 洛杉矶,9 月装运。)

需要提醒的是,发盘函中涉及的具体交易条件若采用分项列明的形式写出会更加清晰和一目了然,推荐采用分项列明的方式发盘。

在 POCIB 中,应该考虑交易方式的多样性,每笔交易尽量采用不同的贸易国别、商品种类、贸易术语、运输方式、结算方式搭配组合,贸易商在开始发盘时就应注意交易多样化的问题。

二、实训指导 3-2

在 POCIB 中,出口商需要根据进口商询盘,对出口商品进行成本核算再进行发盘,具体步骤如下。

(1) 蓝海公司收到绿河公司发来的询盘,点击页面右上方的消息按钮,可查到消息具体内容。看完消息后,蓝海公司进入"城市中心",点击标志为"国内工厂"的建筑物,在弹出页面中点击"购买商品",即可看到本国工厂可生产的商品列表。本实训案例中买卖的商品为 12010 瓷杯。

(2)蓝海公司进入"我的订单"的预算中心页面,根据工厂的商品生产价格,核算出成本与利润,填写出口成本预算表(见实训指导2-1)。

(3)然后进入"我的订单"的"业务磋商"页面(此时业务已从市场开发阶段转到业务磋商阶段)中该笔业务的条目,在"业务联系"中点击"写消息",回复发盘邮件给绿河公司。

输入标题:Offer

选择业务种类:发盘

输入内容:

May 17,2023

Brazil Green River International Trading Co.,Ltd.

N0.9 Avenida Pedro Calmon,Rio de Janeiro,Brazil

Dear Marisa:

We are pleased to know from your e-mail of yesterday that you are interested in our Chinese Ceramic Cup. We are now making you an offer as follows, subject to your reply reaching here before May 24,2023 Beijing time.

1. Commodity:12010 Chinese Ceramic Cup

2. Price:USD 1.20 per unit CIF Rio De Janeiro

3. Quantity:25000 units

4. Packing:In cartons of 10 units each.

5. Shipment:In May,2023 from Shanghai to Rio De Janeiro allowing transshipment and partial shipments.

6. Payment:By irrevocable L/C at sight.

7. Insurance:To be effected by sellers for 130% of CIF invoice value covering All Risks and War Risk, Strike Risk.

Looking forward to your early confirmation.

Yours faithfully,

Eric Wang

China Blue Ocean International Trade Co.,Ltd.

填写完毕后,点击"发送消息",完成发盘,其后等待绿河公司还盘或接受。

任务三 还 盘

一、理论知识

(一)还盘的含义

还盘(counter-offer),又称还价,在法律上称为反要约,是指受盘人不同意或不完全同意发盘提出的各项条件,对发盘提出修改意见发送给原发盘人的行为。还盘是对原发盘的拒绝,也是受盘人向原发盘人提出的一项新的发盘。如果另一方对还盘内容不同意,还可以进行反还盘(或称再还盘)。在交易磋商中,一经还盘,原发盘即失去效力,发盘人不再受其约束,即使在发盘的有效期内,对发盘人也不再具有法律上的约束力。

受盘人在收到发盘后,有两种处理办法:一种是完全同意发盘所提出的交易条件,并及时向对方发出接受通知,这就是所谓的接受或达成交易;另一种是不同意发盘人在发盘中所提出的条件,并向发盘人提出自己的修改条件,这就是所谓的还盘。此外,还有一种有条件的接受,即在答复对方的发盘时,在表示"接受"的同时,又载有添加、限制或其他更改的答复,也为拒绝该项发盘,并构成还盘。

(二) 还盘函写作

1. 还盘的主要内容

国际贸易中,是否还盘需要根据我方的价格核算等实际状况来决定。还盘的内容通常仅陈述需变更或增添的条件,对双方同意的交易条件无须重复。

对方还盘后能否接受取决于其所还价格和交易条件的变化,也就是要核算与评估还盘的各要素,确定我方最终可能获得的利益和承担的风险。针对价格的还盘,首先要做的是分析对方还价的原因,然后采用一定的应对策略。

(1) 提醒客户此还价虽可以接受,但品质应该不在同一档次,请客户考虑。

(2) 告知客户此商品已与多个进口商合作,目前的条件已相当优惠,如不及时下单可能无法保证及时供货。

(3) 根据原材料价格、汇率、劳动力成本等变化因素,说明利润已至极限,无法再降价。

(4) 对于长期合作前景较好或能为企业带来无形回报的大客户,如企业能承受还盘降价后的微利或暂时的亏损,也要坚持接单。

2. 还盘函常用表达方式

Regrettably, we are unable to accept your offer as your prices are too high. We operate on small margins. It means heavy loss to us to accept your prices.(很遗憾,由于贵方价格太高,我方无法接受贵方报盘。我方是微利经营,这意味着若接受贵方价格,我方将损失很大。)

As the market of Walnuts is declining, there is no possibility of business unless you can reduce your price by 6%.(由于核桃行市下跌,除非你方能够降价6%,否则无法成交。)

To step up trade, we counter offer as follows: 800 tons of Walnuts at USD 800 per M/T CIF New York.(我方还盘:800吨核桃,按CIF纽约港价,每吨800美元。)

(三) 还盘的应对技巧

通常所说的还盘价格核算,一种是核算还价后利润的变化,即根据客户所还价格,计算出自身的利润值;另一种是核算如接受客户还价,采购成本将做怎样的变动,即在保证自己利润前提下,应该以何种价格水平与供应厂商谈判。

对于对方的还盘若无法完全接受,可以采取第二次发盘或反还盘函。交易函电的书写需运用一定技巧,通常先应礼节性地感谢对方的来函,然后强调原报价及交易条件的合理性,并说明理由,也可进一步提出我方条件,并催促对方行动。交易磋商的关键是要有说服力,鼓励对方下单,即使对方拒绝或不让步的情况下,一般也应推荐一些价格低廉的替代品,以寻求新的商机。一些进出口企业即便是急于拿到订单,在收到初始报价时也不要轻易接受,否则还盘便没有了回旋的余地。

二、实训指导3-3

（1）绿河公司收到蓝海公司的发盘,点击页面右上方的消息按钮,可查到邮件的具体内容。

（2）看完消息后,绿河公司进入"城市中心",点击标志为"国内市场"的建筑物,在弹出页面中点击"售出商品",即可看到所有商品的市场售价。根据12010 CHINESE CERAMIC CUP的市场售价,核算出成本与利润(见实训指导2-2),决定是否接受蓝海公司报价,或进行还价,直到达成一致。

（3）如需还盘,绿河公司只要点击"写消息",回复邮件给蓝海公司;还盘在POCIB中的操作过程与发盘相似。

输入标题:Counter-Offer

选择业务种类:还盘

输入内容:

May 18, 2023

China Blue Ocean International Trade Co., Ltd.

Hainan Building, No. 8 Guoxing Street, Meilan District, Haikou, Hainan

Dear Mr. Wang:

We are very grateful of receiving your kindly offer today.

While appreciating the good quality of Chinese Ceramic Cup, we find that your price is 5%~10% higher than the offers recently made to us by other competitors.

So we have to ask you to consider if you can make a reduction in your price about 5% to USD 0.80 per unit CIF Rio De Janeiro, as our trial order would be more than 25 000 units.

It is hope than you would take the above into consideration.

Your early reply will be highly appreciated.

Yours faithfully,

Marisa Leticia

Brazil Green River International Trading Co., Ltd.

填写完毕后,点击"发送消息",完成还盘。

（4）蓝海公司可以根据绿河公司的还盘计算自身利润情况,并按公司的销售策略选择接受或再还盘,蓝海公司可以点击"写消息"回复邮件给绿河公司。

输入标题:Counter-Offer

选择业务种类:还盘

输入内容:

May 19,2023

Brazil Green River International Trading Co.,Ltd.

N0.9 Avenida Pedro Calmon,Rio de Janeiro,Brazil

Dear Marisa:

We are glad to receive your order intention.

Due to the rising cost of materials and labor,our quotation has run out of profit,so sorry to say that your counter-offer is very difficult to accept. We hope you will accept the price of USD 1.00 per unit CIF Rio De Janeiro.

Looking forward to receiving your order.

Yours truly,

Yours faithfully,

Eric Wang

China Blue Ocean International Trade Co.,Ltd.

填写完毕后,点击"发送消息",完成再还盘。

任务四 接 受

一、理论知识

(一) 接受的含义

接受(acceptance),在法律上称"承诺",指受盘人在发盘规定的有效期内或合理时间内,以声明或行动的方式,无条件同意发盘提出的各项条件,并愿意按这些条件同发盘人达成合同的一种意思表示。一项发盘经过受盘人接受后,交易即告达成,合同即告成立。构成一项法律上有效的接受,必须具备以下四个条件。

(1) 接受必须是由受盘人做出。这一条件与发盘的条件是相呼应的,即接受只能由受盘人做出才具有效力,其他人对发盘表示同意,不能构成接受。

(2) 受盘人表示接受,要采取声明的方式即以口头或书面的声明向发盘人明确表示出来,除此之外也可以用行为表示接受。

(3) 接受的内容要与发盘的内容相符。就是说,接受应是无条件的。但在业务中,常有这种情况,受盘人在答复中使用了接受的字眼,但也对发盘的内容做了增加、限制或修改,这在法律上称为有条件的接受,不能称为有效的接受,而属于还盘。

(4) 接受的通知要在发盘的有效期内送达发盘人才能生效。发盘的有效期有双重意义:一方面它约束发盘人,使发盘人承担义务,在有效期内不能任意撤销或修改发盘的内容,过期则不再受其约束;另一方面,发盘人规定有效期,也是约束受盘人,只有在有效期内做出接受,才有法律效力。

(二) 接受的表示方法

需要指出的是,法律虽然只规定要以明示或者默示的方式做出接受,但一般而言,接受人做出接受时,必须符合要约人规定的接受方式,我国对外贸易中多习惯于以邮件等书面形式进行确认,而这一"确认"也被看作是合约签订的基础。

写作接受函时,要认真核对磋商记录,确定对方提出的各项条件是否与磋商结果一致。如交易条件简单,接受中无须复述全部条件,但需注明对方来电、来函的日期或编号。如双方多次互相还盘,条件变化较大,还盘中仅涉及需变更的交易条件,则在接受时宜复述全部条件,以免疏漏和误解。

(三) 接受函常用表达方式

We have the pleasure of placing an order with you for 800 dozens Women's T-Shirts at USD 500 per dozen CIF New York, based on your catalogue No. 58 of April 18, 2022.(我方很高兴按你方2022年4月18日第58号目录本向你方订购800打女士T恤,每打500美元,按CIF纽约价。)

Thank you for sending your catalogue and price list. We enclose the Purchase Order and would be grateful if you would send the goods as soon as possible.(感谢你方寄来目录本和价目表。现随函寄去我方的订单,如你方能尽早发来货物,我方将不胜感激。)

With reference to your letter of September 20, 2022, we have pleasure in informing you that we have booked your order for 1000 LCD TV sets. We are sending you our S/C No. 123 in duplicate, one copy of which please sign and return for our file.(据贵方2022年9月20日来信,我方很高兴通知贵方1000台液晶电视机的订单已确立。现邮送我方第123号销售合同一式两份,一份签字后请寄回,以便我方保存。)

二、实训指导3-4

以进口商接受出口商的发盘或再还盘为交易条件,"接受"的具体步骤如下。

(1) 绿河公司收到蓝海公司的发盘或再还盘,点击页面右上方的消息按钮,即可查看邮件的具体内容。

(2) 看完邮件后,绿河公司进入"城市中心",点击标志为"国内市场"的建筑物,在弹出页面中点击"售出商品",即可看到所有商品的市场售价。根据12010 CHINESE CERAMIC CUP的市场售价,核算出成本与利润,并填写进口成本预算表(参见实训指导2-2)。

(3) 然后再进入"我的订单"的"业务磋商"页面中该笔业务的条目。此时业务已从市场开发阶段转到业务磋商阶段(在POCIB中,交易双方往来函电达到3封,交易便自动转入业务磋商阶段),在"业务联系"中点击"写消息",回复接受邮件给蓝海公司。

输入标题:Acceptance

选择业务种类:接受

输入内容:

May 20,2023

China Blue Ocean International Trade Co.,Ltd.

Hainan Building,No.8 Guoxing Street,Meilan District,Haikou,Hainan

Dear Mr. Wang:

Thank you for your letter of May 19,2023. We have accepted your offer on the terms suggested.

For the quantities you mentioned we are pleased to confirm as follows:

1. Commodity:12010 Chinese Ceramic Cup

2. Price:USD 1.00 per unit CIF Rio De Janeiro

3. Quantity:25000 units

4. Packing:In cartons of 10 units each.

5. Shipment:In May,2023 from Shanghai to Rio De Janeiro allowing transshipment and partial shipments.

6. Payment:By irrevocable L/C at sight.

7. Insurance:To be effected by sellers for 130% of CIF invoice value covering All Risks and War Risk,Strike Risk.

Please send us your contract and thank you for your cooperation.

Yours faithfully,

Marisa Leticia

Brazil Green River International Trading Co.,Ltd.

填写完毕后,点击"发送消息",即完成整个磋商过程。

(4)蓝海公司在收到绿河公司的接受函后,双方的合同关系宣告成立。

任务五　合　同　订　立

一、理论知识

(一) 合同的形式

买卖双方经过磋商,一方的发盘被另一方有效接受,交易即告达成,合同即告成立。但在实际业务中,买卖双方达成协议后,通常还要制作书面合同将各自权利与义务用书面方式加以明确,这就是合同的签订。

在国际贸易中,买卖双方最好能签订书面形式的合同。进出口贸易的书面合同并没有特定的名称限制,我国习惯采用的有销售合同(sales contract)和销售确认书(sales confirmation)这两种形式,协议书(agreement)和备忘录(memorandum)也是法律规定的书面合同形式。实践中,一些国家会采用卖方提供的形式发票(proforma invoice)或买方的订单(order)作为一种要约形式。

1. 销售合同

交易成立后,由当事人的一方将交易内容制成合同,然后由双方共同签署,这种合同的内容翔实、全面、完整,除了包括交易的主要条件如品名、规格、数量、包装、价格、交货条件、支付条款外,还包括保险、商品检验、索赔、仲裁、不可抗力等条款。卖方草拟出的合同称为"销售合同"(sales contract),买方草拟出的合同称为"购货合同"(purchase contract)。销售合同一般用于买卖金额比较大或买卖双方彼此不甚了解的情况。

2. 销售确认书

销售确认书是合同的简化形式,通常由一方制作确认书一式两份,拟好并签名后寄给对方,对方经审核同意后签字确认,保留一份,同时将另一份寄还。由卖方制作的称为"售货确认书"(sales confirmation),由买方制作的称为"购货确认书"(purchase confirmation),确认书的法律效力与合同完全相同。销售确认书一般用于买卖金额比较小而且买卖双方比较熟悉的情况。

3. 形式发票

出口商有时应进口商的要求,发出一份列有出售货物的名称、规格、单价等非正式参考性发票,供进口商向其本国贸易管理当局或外汇管理当局申请进口许可证或批准给予外汇支付、开立信用证等之用,这种发票被称为形式发票(proforma invoice)。形式发票不是一种正式发票,不能用于托收和议付,它所列的单价等,也仅仅是进口商根据当时情况所做的估计,对双方都无最终的约束力,所以说形式发票只是一种估价单,正式成交还要另外重新缮制商业发票。然而,现在有很多国外的客户是很少签正式出口合同的,形式发票往往就起着合同的作用,所以还须将可能产生分歧的条款列明详情,要求买方签字确认。

4. 订单

订单(order)是采购商向供应商发出的订货单,也是针对该合同所做出的邀约,卖方对订单的内容若无异议,可签名后再寄还一份给买方,此时订单即具备成交签约的法定效力。

(二) 合同的内容

合同一般由三个部分组成,即合同的约首、主体(本文)和约尾。

约首包括合同的名称、合同的编号、缔约日期、缔约地点、缔约双方名称和地址等。

本文是合同的主体,具体规定了买卖双方的权利和义务,又可分为主要条款和一般条款两部分。主要条款包括商品的品名条款、品质条款、数量条款、包装条款、价格条款、装运条款、保险条款、支付条款等八项条款。一般条款包括商检、索赔、不可抗力和仲裁等四项条款。

约尾即合同的尾部,通常写明合同使用的文字及其效力、合同正本的份数、附件及其效力,以及双方当事人或其授权人的签字。

书面合同的内容必须符合政策要求,做到内容完备、条款明确、文字严谨,并与交易磋商的内容相一致。合同一经签订,即成为约束双方当事人的法律文件。

(三) 合同的缮制

合同一般都由出口商或进口商自行制作,形式上各有不同,但主要内容基本一致,这里以 POCIB 中的销售确认书作为样本说明缮制要点。

在 POCIB 中,合同由卖方起草,发送给买方确认。需要注意:合同总金额不能大于当前资金;要等进口商确认合同之后,再去工厂购货,以防损失;进口商确认合同后,合同与出口预算表不可再修改,当事人不履行合同义务或履行合同义务不符合约定的,应承担违约责任,请谨慎签约。

1. **合同上方两行空白栏**

合同上方两行为出口商公司抬头,须分别填写出口商的英文名称及地址。填写时注意:公司名称和地址须分两行填写,第一行写名称,第二行写地址,写在同一行中是错误的。

2. **进口商的名称及地址(Messrs)**

详细填列进口商的名称及地址。在 POCIB 中,出口商可在 B2B 跨境电商平台选择搜索条件为 Suppliers,输入进口商公司英文名称查询到进口商店铺,点击公司英文名称进入店铺首页,可以找到进口商公司地址(address),也可以直接发邮件询问对方。

3. **合同编号(No.)**

合同编号通常由部门代码+年份+顺序号组成,以便存储归档管理之用。

在 POCIB 中,卖方可以自行编设,只能填英文或者数字,并且不能重复。例如,可以卖方公司首字母+订约日期作为合同编号。

4. **签约日期(Date)**

应填写销货合同的制作日期。国际上最常用的写法是美式的"月-日-年"(如 May 20,2023)和英式的"日-月-年"(如 20 May,2023)。

在 POCIB 中,可以采用以下三种格式填写合同日期:

①2023-05-20 或 05-20-2023;
②2023/05/20 或 05/20/2023;
③20230520。

5. **产品编号(Product No.)**

销售合同中应列明成交商品的编号或货号。

在 POCIB 中,一笔合同只可以交易一种商品,且货号必须填写出口商"城市中心"中"国内工厂"里现有的商品编号,"国内工厂"里没有的商品不可以交易。

6. **货物描述(Description)**

此栏应详细填明成交商品的英文名称、规格及其他要求。对商品的具体描述说明是合同的主要条款之一,如果卖方交付的货物不符合合同规定的品名或说明,买方有权拒收货物、撤销合同并提出损害赔偿。

在 POCIB 中,在"城市中心"中的"国内工厂"的建筑里点击商品名称或编号,找到"商品基本资料",完整复制商品的英文名称、英文描述两部分。例如:CANNED SWEET CORN, 3060G×6TINS/CTN。其中,CANNED SWEET CORN 是商品名称,3060G×6TINS/CTN 是商品详细资料中的"英文描述"部分(见图 3-4)。

图 3-4　商品基本资料中的商品名称与规格型号

7. 商品数量(Quantity)

数量条款应填写交易的货物数量,它是买卖双方交接货物及处理数量争议时的依据。

在 POCIB 中,对于价值不高的一般货物而言,为便于装运并节省运费,通常以一个 20 英尺或 40 英尺集装箱的可装数量作为最低交易数量(见后文"技能提升")。

8. 计量单位(Unit)

货物数量的计量单位,应以适合该货物计量的单位为准。

在 POCIB 中,货物的计量单位可在商品基本资料里查找,此处填写的是"销售单位"而非"包装单位"(见图 3-5)。此外,要注意单位的单复数,如果数量超过 1,要填写单位的复数形式,比如"PCS""BOXES"。

9. 价格条款(Unit Price)

价格条款是买卖合同中不可或缺的组成部分,不仅直接关系到买卖双方的利益,而且与合同中的其他条款也有密切联系。通常由出口商根据成本通过往来函电出口报价给进口商,进口商也要据此进行进口核算,双方经过协商后确定此交易价格的金额。合同单价应包含计价货币、单价金额、计量单位、贸易术语四个要素。

在 POCIB 中,价格条款中的贸易术语只支持 FOB、CIF、CFR、FCA、CPT、CIP 六种常用的贸易术语,填于上方空白栏中。FOB、FCA 后要加"装运港/地"和"出口国家名称";CFR、CPT、CIF、CIP 后要加"目的港/地"和"进口国家名称"。计价货币在 POCIB 中只能选择美元(USD)、欧元(EUR)、英镑(GBP)、日元(JPY)四种国际通用货币签订合同。

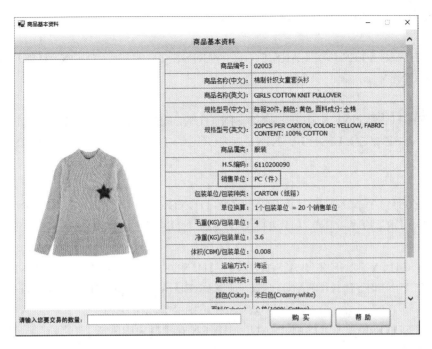

图 3-5 商品基本资料中的销售单位

10．金额（Amount）

包括计价货币及商品的总金额。

在 POCIB 中，此处应列明币种及各项商品总金额（总金额＝单价×数量）。

11．总计（Total）

分别填入所有货物累计的总数量和总金额（包括相应的计量单位与币种）。

12．总金额大写（Say Total）

以文字（大写）写出该笔交易的总金额。

在 POCIB 中，此处金额必须与货物总价数字表示的金额一致并且 100％正确，合同才能通过。POCIB 中四种合同币别的表示方法如下。

①美元（小数为 CENTS），USD。

复数：US DOLLARS，U. S. DOLLARS，UNITED STATES DOLLARS。

单数：US DOLLAR，U. S. DOLLAR，UNITED STATES DOLLAR。

②日元（小数为 SEN）：JPY，JAPANESE YEN。

③欧元（小数为 CENTS），EUR。

单数：EURO，复数：EUROS。

④英镑（小数为 PENCE）：GBP。

单数：POUND，复数：POUNDS。

以金额 89615 为例，在 POCIB 中四种不同币别的表示方法如下。

美元：

USD EIGHTY NINE THOUSAND SIX HUNDRED AND FIFTEEN ONLY，

US DOLLARS EIGHTY NINE THOUSAND SIX HUNDRED AND FIFTEEN ONLY，

U. S. DOLLARS EIGHTY NINE THOUSAND SIX HUNDRED AND FIFTEEN ONLY,

UNITED STATES DOLLARS EIGHTY NINE THOUSAND SIX HUNDRED AND FIFTEEN ONLY。

日元：

JPY EIGHTY NINE THOUSAND SIX HUNDRED AND FIFTEEN ONLY,

JAPANESE YEN EIGHTY NINE THOUSAND SIX HUNDRED AND FIFTEEN ONLY。

欧元：

EUR EIGHTY NINE THOUSAND SIX HUNDRED AND FIFTEEN ONLY,

EUROS EIGHTY NINE THOUSAND SIX HUNDRED AND FIFTEEN ONLY。

英镑：

GBP EIGHTY NINE THOUSAND SIX HUNDRED AND FIFTEEN ONLY,

EIGHTY NINE THOUSAND SIX HUNDRED AND FIFTEEN POUNDS ONLY。

例如金额1007.5在POCIB中分别用四种币别的表示方法如下。

美元：USD ONE THOUSAND AND SEVEN CENTS FIFTY。

日元：JPY ONE THOUSAND AND SEVEN SEN FIFTY。

英镑：ONE THOUSAND AND SEVEN POUNDS AND FIFTY PENCE。

欧元：EUR ONE THOUSAND AND SEVEN CENTS FIFTY。

13．支付条款（Payment）

支付条款规定了支付方式、支付工具、支付时间等内容。

POCIB中，可以采用L/C（信用证）、D/P（付款交单）、D/A（承兑交单）、T/T（电汇）四种支付方式。进出口双方应在交易磋商中决定选用哪种支付方式及期限。

（1）L/C AT SIGHT：即期付款信用证。

L/C AT 30 DAYS AFTER SIGHT：信用证，见票后30天付款；

L/C AT 45 DAYS AFTER SIGHT：信用证，见票后45天付款；

L/C AT 60 DAYS AFTER SIGHT：信用证，见票后60天付款；

L/C AT 90 DAYS AFTER SIGHT：信用证，见票后90天付款。

（2）D/A AT SIGHT：承兑交单。

D/A AT 30 DAYS AFTER SIGHT：承兑交单，见票后30天付款；

D/A AT 45 DAYS AFTER SIGHT：承兑交单，见票后45天付款；

D/A AT 60 DAYS AFTER SIGHT：承兑交单，见票后60天付款；

D/A AT 90 DAYS AFTER SIGHT：承兑交单，见票后90天付款。

（3）D/P AT SIGHT：即期付款交单。

（4）T/T（电汇）。

T/T 100% IN ADVANCE：100%前T/T。

T/T ××% IN ADVANCE AND ××% WITHIN 30 DAYS AFTER SHIPMENT DATE：若干天前T/T（作为定金），若干天后T/T（作为尾款），装运期后30天内付款。

T/T 100% WITHIN 30 DAYS AFTER SHIPMENT DATE:装运期后 30 天内 100% 后 T/T。

14．包装条款（Packing）

包装条款一般包括包装材料、包装方式和每件包装中所含物品的数量或重量等内容。在 POCIB 中，可参考商品基本资料里的包装说明填写（字符数上限为 40）。

例如：3060G×6 Tins per carton。

15．启运港（Port of Shipment）

启运港为出口商所在国港口。

在 POCIB 中，本国海运港口的名称可在"城市中心"中的"国际货运公司（海运部）"相关网站中的"航程及运费查询"里查找；本国航空机场的名称可在"城市中心"中的"国际货运公司（空运部）"相关网站中的"常用查询"里查找。

16．目的港（Port of Destination）

目的港为进口商所在国港口。

在 POCIB 中，目的港口的名称可在"城市中心"中的"国际货运公司（海运部）"相关网站中"航程及运费查询"里查找；目的航空机场的名称可在"城市中心"中的"国际货运公司（空运部）"相关网站中的"常用查询"里查找。

17．装运条款（Shipment）

装运条款包括装运时间、运输方式（海运、空运）、分批装运和转运，以及集装箱类型的选择。有的还规定卖方交付单据的时间和有关装运通知的条款。

在 POCIB 中的装运时间选择：信用证方式下可选择"Shipment within 15/30/60 days after receipt of L/C"等，选择此类选项无须填写装运具体时间；如果选择"Shipment by"，需在后面空白括号栏里填写相应的具体时间（日期格式与合同日期格式相同）；如果选择"Shipment in"，则需在后面空白括号栏里填写相应的具体月份（英文）。

在 POCIB 中的装运方式选择：根据需要选择"By vessel（海运）"或"By air（空运）"。如果选择海运，还需选择集装箱种类和数量。

18．运输标志（Shipping Mark）

运输标志即装运唛头，通常由一个简单的几何图形和一些英文字母、数字及简单的文字组成，一般包括：收货人代号、参考号（合同号、信用证号等）、目的港（地）名称、件数或批号。如没有唛头则应填"No Mark"或"N/M"。

例如：

ABCCO（收货人名称的首字母缩写或简称，如 ABC 公司）

CONTRACT01（参考号）

NAGOYA（目的地）

1/1000（包装件号）

19．品质条款（Quality）

品质条款是对商品的质量、等级、规格等的具体规定，它是买卖双方交接货物时的品质依据，同时也是商检部门在进行检验、仲裁机构或法院在解决品质纠纷时的依据。

例如：

As per samples No. MBS/006 and CBS/002 submitted by seller on May 18，2023．（如同卖方于 2023 年 5 月 18 日所提供，编号 MBS/006 及 CBS/002 的样品。）

20．保险条款（Insurance）

在 FOB、CFR、FCA、CPT 条件下，由买方投保，只需填写 TO BE COVERED BY THE BUYER；在 CIF、CIP 条件下，由卖方投保，应具体载明投保的险别、保险金额等事项。

21．单据条款（Documents）

单据条款包括所需单据的种类和正本（original）、副本（copy）的份数。出口商在贸易过程中必须将合同中规定的单据备齐，并在交单或寄单时将这些单据提交给银行或寄给进口商。

常见单据包括以下几种：

Commercial Invoice 商业发票；Bill of Lading 海运提单；Airway Bill 航空运单；Insurance Policy 保险单；Packing List 装箱单；Certificate of Quantity/Weight 数量/重量证书；Certificate of Quality 品质证书；Certificate of Phytosanitary 植物检疫证书；Health Certificate 健康证书；Certificate of Origin 一般原产地证书；Certificate of Origin Form A 普惠制产地证书。

在 POCIB 中，商检证书（共四种）由进出口双方在磋商中自行商议，其他单据应按规则选择，具体为：①商业发票，是必备单据，所以只要选择正本和副本份数即可；②运输单据，海运选择海运提单，空运则选择航空运单；③保险单，如果贸易术语为 CIF、CIP，必须选择保险单，出口商必须在报关前完成投保工作，如果贸易术语为 FOB、CFR、FCA、CPT，则无须选择，而是由进口商在货物出运前自行投保；④装箱单，是必备单据，所以只要选择正本和副本份数即可；⑤商检证书，POCIB 中的商检证书有四种，数量/重量证书、品质证书、植物检疫证书、健康证书，如果进口商在磋商中提出需要这些证书，则应在合同中选择，并在出口报检时选择出具相应证书；⑥产地证书，POCIB 中可以在一般原产地证书和普惠制产地证书中二选一，如果进口商为美国，选择一般原产地证书，如果进口商为其他国家，选择普惠制产地证书。

22．仲裁条款（Arbitration）

例如：Any dispute arising from or in connection with this Contract shall be submitted to International Economic and Trade Arbitration Commission for arbitration which shall be conducted in accordance with the IETAC's arbitration rules in effect at the time of applying for arbitration. The arbitral award is final and binding upon both parties.（凡因本合同引起的或与本合同有关的任何争议，均应提交国际经济贸易仲裁委员会，按照申请仲裁时该会现行有效的仲裁规则进行仲裁。仲裁裁决是终局的，对双方均有约束力。）

23．进口商公司（Buyers）负责人签名

在 POCIB 中，直接点击"盖章"即可。

24. 出口商公司(Sellers)负责人签名

在 POCIB 中,直接点击"盖章"即可。

二、实训指导 3-5

在 POCIB 中的销售合同签订需要在完成交易磋商并填写出口及进口成本预算表后再进行。在 POCIB 中,销售合同只能由出口商(蓝海公司)起草,并发给进口商(绿河公司)签字确认。

(一) 银行一般账户的开立

在 POCIB 中,当完成注册贸易公司后,系统会根据注册时所选择的国家自动分配一个对应的本币账户与一个 USD(美元)的基本账户,如果进出口双方在业务中的交易币别为非本国货币,必须在签订合同之前就要预先在银行申请开立该币别所对应的外币账户。

开立一般账户的具体流程为:进入"城市中心"里的"银行",点击"开立一般账户"按钮;选择需要开立的账户币别,点击"开户"按钮;点击"办理"按钮,完成开户。

注意:如果合同使用美元为计价货币,则无须另开其他外币账户。

(二) 出口商起草合同

出口商(蓝海公司)进入"我的订单"的"业务磋商"页面,选择相应的业务条目;在弹出的业务详细资料页面中,点击"业务合同";点击页面下方的"起草合同";蓝海公司根据交易磋商中双方约定的条款填写合同(见图 3-6)。

注意:在合同填写过程中可随时"检查合同",并且保证合同金额不超过当前资金,填写完成后点击"保存合同"。

(三) 出口商发送合同

合同填写完成后,出口商(蓝海公司)盖章,再将合同发送给进口商(绿河公司),等待进口商的确认。

注意:出口商发送合同前必须将出口预算表填写完整,否则无法发送合同。

(四) 进口商确认合同

(1) 进口商(绿河公司)收取并查看出口商(蓝海公司)发送合同的通知。

China Blue Ocean International Trade Co., Ltd.

Hainan Building, No.8 Guoxing Street, Meilan District, Haikou, Hainan

SALES CONFIRMATION

Messrs:	Brazil Green River International Trading Co., Ltd.	No.	CBO230522
	N0.9 Avenida Pedro Calmon, Rio de Janeiro, Brazil	Date:	2023-05-22

Dear Sirs,

We are pleased to confirm our sale of the following goods on the terms and conditions set forth below.

Choice	Product No.	Description	Quantity	Unit	Unit Price	Amount
			[CIF]		[Rio De Janeiro, Brazil]	
○	12010	CHINESE CERAMIC CUP PACKING: 10UNITS/CARTON	25000	UNITS	USD1	USD25000
		Total:	25000	UNITS	[USD][25000	]

Say Total: US DOLLARS TWENTY FIVE THOUSAND ONLY

Payment:	L/C	AT SIGHT
Packing:	IN CARTONS OF TEN UNITS EACH.	
Port of Shipment:	Shanghai, China	
Port of Destination:	Rio De Janeiro, Brazil	
Shipment:	Shipment in [May]	By vessel
	40' HQ × [1]	
Shipping Mark:	BGR CBO230522 RIO DE JANEIRO C/NO. 1-2500	
Quality:	As per samples submitted by seller.	
Insurance:	FOR 130 PERCENT OF THE INVOICE VALUE COVERING ALL RISKS AS PER OCEAN MARINE CARGO CLAUSES, INSTITUTE WAR CLAUSES, INSTITUTE STRIKES CLAUSES	
Documents:	1. Signed commercial invoice in 1 original and 3 copies. 2. Full set of clean on board Bills of Lading made out to order and blank endorsed, marked "freight prepaid". 3. Insurance Policy/Certificate in 1 original and 3 copies. 4. Packing List Memo in 1 original and 3 copies indicating quantity, gross and weights of each package. 5. Certificate of Origin Form A in 1 original and 3 copies.	

Any dispute arising from or in connection with this Contract shall be submitted to International Economic and Trade Arbitration Commission for arbitration which shall be conducted in accordance with the IETAC's arbitration rules in effect at the time of applying for arbitration. The arbitral award is final and binding upon both parties.

BUYERS	SELLERS
巴西绿河国际贸易有限公司 Brazil Green River International Trading Co., Ltd. **Marisa Leticia** (Manager Signature)	中国蓝海国际贸易有限公司 China Blue Ocean International Trade Co., Ltd. **Eric Wang** (Manager Signature)

图 3-6　销售确认书

（2）进口商（绿河公司）进入"我的订单"的"业务磋商"页面，选择相应的业务条目，在弹出的业务详细资料页面中，点击"业务合同"，查看合同内容。

（3）确认合同内容无误后，点击合同下方 BUYERS 栏的"盖章"，然后再点击页面下方"确认合同"按钮（如果发现合同有错误，也可点击"拒绝合同"，让出口商修改合同后再重新发送）。

注意：进口商确认合同前必须将进口预算表填写完整，并且保证合同金额不超过当前资金，否则无法确认合同。

在 POCIB 中，合同一旦被进口商确认将无法撤销或修改，必须按合同条款严格执行，进出口双方应谨慎签约。合同签订完成后，该笔业务将由"业务磋商"阶段转入"业务履约"阶段，进出口双方可查看"业务进度"，按照业务流程图中的步骤提示履行合同（流程图中蓝色的步骤为目前可以做的步骤，深灰色的步骤为已经完成的步骤，浅灰色的步骤为目前还不能做的步骤）。

（五）技能提升：合理确定成交商品的数量

在国际货物运输中，经常使用的是普通 20 英尺集装箱和 40 英尺集装箱，有时也会根据商品状况选择高柜、冻柜或其他。无论选择哪种集装箱，做报价核算时，建议按照集装箱可容纳的最大包装数量来计算报价数量，以节省海运费。在 POCIB 中，集装箱尺寸可在"城市中心"里的"国际货运公司"的相关网站里查找。在"城市中心"里的"国内工厂"或"市场"中查看产品详细情况，根据产品的毛重、净重、体积、包装单位、销售单位、单位换算等来计算报价数量。

【例1】 商品 01005，销售单位与包装单位都是 CARTON（箱），每箱体积为 0.025736 CBM（立方米），毛重为 20.196 KGS（千克），试分别计算该商品用普通 20 英尺、40 英尺集装箱运输出口时的最大可装箱数及报价数量（查到普通每 20 英尺集装箱可装体积为 33 CBM，限重 25 TNE（吨），每 40 英尺集装箱可装体积为 67 CBM，限重 29 TNE，1 TNE＝1000 KGS）。

解：每 20 英尺集装箱：
  按体积计算可装箱数 ＝ 33÷0.025736＝1282.25（箱）
  按重量计算可装箱数 ＝ 25×1000÷20.196＝1237.86（箱）
取两者中较小的值，因此最大可装箱数取整数为 1237 箱。
由于销售单位与包装单位相同，该商品的报价数量为 1237 箱。
每 40 英尺集装箱：
  按体积计算可装箱数 ＝ 67÷0.025736＝2603.35（箱）
  按重量计算可装箱数 ＝ 29×1000÷20.196＝1435.92（箱）
取两者中较小的值，因此最大可装箱数取整数为 1435 箱。
由于销售单位与包装单位相同，该商品的报价数量为 1435 箱。

【例2】 商品08003,销售单位UNIT(辆),包装单位CARTON(箱),单位换算为每箱装6辆,每箱体积为0.0576 CBM,毛重为21 KGS,试分别计算该商品用20英尺、40英尺集装箱运输时的最大可装箱数及最大销售数量(查到普通每20英尺集装箱可装体积为33 CBM,限重25 TNE,每40英尺集装箱可装体积为67 CBM,限重29 TNE,1 TNE=1000 KGS)。

解:每20英尺集装箱:

按体积计算可装箱数为33÷0.0576=572.91(箱)

按重量计算可装箱数为25×1000÷21=1190.47(箱)

取两者中较小的值,因此最大可装箱数取整数为572箱,共计3432辆。

每40英尺集装箱:

按体积算可装箱数为67÷0.0576=1163.19(箱)

按重量算可装箱数为29×1000÷21=1380.95(箱)

取两者中较小的值,因此最大可装箱数取整数为1163箱,共计6978辆。

项目四　货款支付

学习目标

知识目标：了解国际贸易主要的支付工具和支付方式；熟知信用证、电汇和托收的含义、当事人、业务流程和种类；理解信用证支付的主要特点。

技能目标：能够正确操作信用证、电汇和托收支付；能正确填写信用证开证申请书、境外汇款申请书、托收申请书等用于国际支付的相关单证；具备处理与货款支付有关的争议的能力；具备防范货款支付风险的能力；能够根据业务实际情况选择适合的支付方式。

素质目标：培养并践行外贸从业者的法治意识和职业道德；培养认真、细致、严谨、高效的职业素养；培养诚信意识、敬业精神和创新思维；培养探究学习、终身学习、动手操作、分析问题和解决问题的能力；遵守国家贸易法律法规和国际贸易规则，培育并践行社会主义核心价值观。

任务一　电　汇

一、理论知识

（一）电汇的含义及其业务流程

1. 电汇的含义

汇付（remittance）指汇款人主动将货款交给银行，由银行根据汇款指示汇交给收款人的一种付款方式。国际贸易中的汇付由进口方直接付款给出口方，是一种顺汇方法，属于商业信用，对先付款或后收款的当事人来讲都有一定风险。汇付的形式可分为电汇（telegraphic transfer，T/T）、信汇（mail transfer，M/T）和票汇（remittance by banker's demand draft，D/

D),由于电子信息技术的快速发展,现在的汇付结算方式主要是电汇。电汇是指汇出行用SWIFT(环球同业银行金融电信协会)或其他电信手段(如电报、电传)向汇入行发出付款委托的一种汇款方式。

2. 电汇的业务流程

电汇时,由汇款人填写汇款申请书,并在申请书中注明采用电汇(T/T)方式。同时,将所汇款项及所需费用交汇出行,取得电汇回执。汇出行办理电汇时,根据汇款申请书内容以电报、电传或者通过SWIFT向汇入行发出解付指示。

电文内容主要包括汇款金额及币种、收款人的名称和地址或账号、汇款人的名称和地址、附言、头寸拨付办法、汇出行名称或SWIFT地址等。为了使汇入行证实电文内容确实是由汇出行发出的,汇出行在正文前要加列双方银行所约定使用的密押(test key)。

汇入行收到电报或电传后,即核对密押是不是相符,若不符,应立即拟电文向汇出行查询。若相符,即缮制电汇通知书,通知收款人取款。收款人持通知书一式两联到汇入行取款,在收款人收据上签章后,汇入行即凭以解付汇款。

在外贸实务中,如果收款人在汇入行开有账户,汇入行往往不缮制汇款通知书,仅凭电文将款项收入收款人账户,然后给收款人收账通知单,也不需要收款人签署收据。电汇中的汇款费用一般由汇款人承担。

(二) 外贸业务中常用的电汇方式

虽然电汇有一定的风险,但相对于其他支付方式费用较低、操作简单,被大量应用于进出口贸易的支付。考虑到客户的资信情况、汇款金额的不同以及商品交易周期等影响,进出口业务会根据其风险大小采用不同的电汇方式。常见的电汇方式主要有以下几种。

1. 100%前 T/T

前 T/T 付款方式,即预付货款(payment in advance),这是一种双方签约后在出口方还未完成货物交付之前就由进口方先把合同金额的全款打给出口方的付款方式,所以对出口方最为有利和安全。反之,进口方却承担着资金占用、利息损失,及不按时、按质、按量交货等风险。因此,一般只有在小金额、某出口商品特别抢手,或进口商提出特殊加工要求的情况下才会采用这种方式。

前 T/T 付款方式可以是合约签订后马上100%支付(cash with order),也可以是交货前进行100%支付。

2. 100%后 T/T

后 T/T 付款方式,即货到付款(payment after arrival of the goods),一般是指买卖合同签署后,出口商发货后进口商再付款的结算方式。实际业务中较为常见的有两种方式,一种是出口商根据合同要求发货后将获取的提单等装运单据连同其他商业单据,以传真等方式告知进口商,获取电汇款;另外一种则是出口商将装运文件直接寄交给进口商,待进口商收货后再付款项。

货到付款性质的后 T/T 是最有利于进口商,而不利于出口商的结算方式。因为出口商不但资金被占用,而且面临较大的贸易风险。倘若进口商收到货物后,认为货物的质量不符合合同规定,或者国际市场发生了变化,其可以拖延付款,或者少付甚至不付货款,出口商可能钱货两空。因此,这种付款方式仅适用于信用等级都较高的老客户、推销滞销商品或者小金额的试销商品。

3. 前 T/T 和后 T/T 按一定比例支付

为了在 T/T 方式下进出口双方都能在一定程度上规避风险,外贸实践中较多地采用部分定金加后 T/T 的付款方式,最常见的为:30%左右前 T/T(签约后即付)并以此作为定金,余款以见提单副本为依据支付。

(三) 境外汇款申请书的缮制

不管是预付货款,还是货到付款,或按一定比例支付定金、货物出运后再付定金,进口商须填制境外汇款申请书并提交给银行。

在 POCIB 中,支付全部合同金额用"境外汇款申请书",支付定金用"境外汇款申请书(支付定金)",支付尾款用"境外汇款申请书(支付尾款)"。

境外汇款申请书填写说明如下。

1. 致

填写汇款行名称(进口商资料里的银行英文名称)。在 POCIB 中,银行名称可在"城市中心"中的"银行"机构网站的首页中查找。

2. 日期

汇款人填写此申请书的日期;要求符合日期格式且不能在合同日期之前。

3. 汇款方式

在电汇、票汇、信汇中选择一种;电汇方式是现在普遍使用的方式。

4. 发电等级

根据需要选择普通或加急中的一种。此选择与 POCIB 系统中业务进展的速度无关。

5. 申报号码

根据国家外汇管理局有关申报号码的编制规则,由银行编制(此栏由银行填写)。

6. 银行业务编号

指该笔业务在银行的业务编号(此栏由银行填写)。

7. 收电行/付款行

此栏由银行填写。在 POCIB 中无须填写。

8. 汇款币种及金额

填写汇款人申请汇出的实际付款币种及金额。

填写时注意以下两种不同情况。

(1) 合同中的支付条款为全额前 T/T 或全额后 T/T,填写全部合同金额。

(2) 合同中的支付条款为部分前 T/T＋部分后 T/T,比如:"40% IN ADVANCE AND 60% WITHIN 30 DAYS AFTER SHIPMENT DATE",则支付定金时使用的"境外汇款申请书(支付定金)"中的汇款金额填写定金的金额。支付尾款时使用的"境外汇款申请书(支付尾款)"中的汇款金额填写尾款的金额。

在 POCIB 中,汇款币别与合同币别相同,金额用阿拉伯数字表示(保留两位小数)。

例如,合同签订如下汇款方式(见图 4-1),计算:

图 4-1 合同签订的汇款方式样例

填入境外汇款申请书(支付定金)和境外汇款申请书(支付尾款)里的汇款金额应该分别是多少?

定金金额＝合同金额×支付定金百分比＝15656.76×30%＝4697.028(美元),在 POCIB 中,数字一律保留两位小数,则"境外汇款申请书(支付定金)"里的汇款金额应填写:4697.03(美元)。

尾款金额＝合同金额－定金金额＝15656.76－4697.03＝10959.73(美元),则"境外汇款申请书(支付尾款)"里的汇款金额应填写:10959.73(美元)。

9. 金额大写

用英文文字表示的汇款币种及金额,与小写一致。如:U. S. DOLLARS SEVENTY EIGHT THOUSAND SIX HUNDRED ONLY。

10. 现汇金额

汇款人申请汇出的实际付款金额中,直接从汇款币种对应的外汇账户(包括外汇保证金账户)及从中支付的金额。汇款人将从银行购买的外汇存入外汇账户(包括外汇保证金账户)后对境外支付的金额应作为现汇金额。现汇金额与购汇金额之和必须等于汇款金额。

11. 外汇账号

如果现汇金额填写了,则本栏填写进口商的外币账号。在 POCIB 中,外汇账号可在"我的资金"的"账户列表"中查找。

12. 购汇金额

指汇款人申请汇出的实际付款金额中,向银行购买外汇直接对境外支付的金额。现汇金额与购汇金额之和必须等于汇款金额。

13. 购汇账号

如果购汇金额填写了,则本栏填写进口商的本币账号。在POCIB中,本币账号可在"我的资金"的"账户列表"中查找。

14. 其他金额

其他金额是指汇款人除购汇和现汇以外对境外支付的金额。包括跨境人民币交易以及记账贸易项下交易等的金额。在POCIB中,不会出现其他金额的填写。

15. 汇款人名称及地址

填写汇款申请人公司名称及地址,即进口商公司英文名称及英文地址。对公项下指汇款人预留银行印鉴或国家市场监督管理总局颁发的组织机构代码证,或国家外汇管理局及其分支局(以下简称"外汇局")签发的特殊机构代码赋码通知书上的名称及地址;对私项下指个人身份证件上的名称及住址。

16. 组织机构代码

组织机构代码是对中华人民共和国内依法注册、依法登记的机关、企事业单位、社会团体,以及其他组织机构颁发一个在全国范围内唯一的、始终不变的代码标识。

目前我国在构建社会信用体系,党政群团取消组织机构代码,统一更换为社会统一信用代码证书;而事业单位原来的组织机构代码证、法人证书及税收证三证合一成为法人证书,其法人证书上的二维码便是该事业单位的社会统一信用代码。

在POCIB中,本栏填写公司基本资料里的统一社会信用代码的第9~17位数字,共9位数字,例如:000124740。

17. 收款银行之代理行名称及地址

填写中转银行的名称,所在国家、城市及其在清算系统中的识别代码;如没有可不填。

18. 收款人开户银行名称及地址

填写收款人开户银行名称,所在国家、城市及其在清算系统中的识别代码。这里填写出口商资料里的开户行英文名称及地址。在POCIB中,银行名称和地址等信息可在"城市中心"中的"银行"机构网站首页上查找。

19. 收款人开户银行在其代理行的账号

为收款银行在其中转行的账号,可不填。

20. 收款人名称及地址

填写收款人公司全称及其地址,即出口商英文名称及地址。

21. 收款人账号

填写收款人银行账号,此处需要填写收款人外币账号。在POCIB中,出口商外币账号可询问出口商。

22. 汇款附言

由汇款人填写所汇款项的必要说明,可填写140个字符内的英文留言。

23. 国内外费用承担

指由汇款人确定办理对境外汇款时发生的国内外费用由何方承担,并在所选项前的"□"中打"√"。

24. 付款方式

按合同支付条款选择"预付货款"或"货到付款"等。在 POCIB 中，填写用于支付定金的境外汇款申请书时，应选择"预付货款"；填写用于支付尾款境外汇款申请书时，应选择"货到付款"；填写境外汇款申请书用于全额付款时，按合同支付条款选择"预付货款"或者"货到付款"。

25. 最迟装运日期

填写货物的实际装运日期。在 POCIB 中，不需要填写。

26. 收款人常驻国家（地区）名称及代码

填写实际收款人所在国家或地区，代码根据"国家（地区）代码表"填写（见表 4-1）。

表 4-1 海关统计国家（地区）名称代码表（部分）

中文名称	英文名称	阿拉伯数字代码	三字符字母代码
美国	United States	502	USA
澳大利亚	Australia	601	AUS
巴西	Brazil	410	BRA
中国	China	142	CHN
古巴	Cuba	416	CUB
德国	Germany	304	DEU
日本	Japan	116	JPN
俄罗斯	Russia	344	RUS
南非	South Africa	244	ZAF
英国	United Kingdom	303	GBR

资料来源：中华人民共和国海关总署网站。

27. 交易编码

根据交易性质填写对应的由国家外汇管理局印发的"涉外收支交易编码表（支出）"（见表4-2）。如果本笔付款为多种交易性质，则在第一行填写最大金额交易的国际收支交易编码，第二行填写次大金额交易的国际收支交易编码；如果本笔付款为退款，则应填写本笔付款对应原涉外收入的国际收支交易编码。

表 4-2 涉外收支交易分类与代码（部分）

代 码	名 称
121010	一般贸易
121020	进料加工贸易
121030	海关特殊监管区域及保税监管场所进出境物流货物
121040	非货币黄金进出口
121050	金融性租赁贸易

资料来源：国家外汇管理局网站。

在POCIB中,这里应该选择"121010"(一般贸易收入/支出)。

28. 相应币种及金额

应根据填报的交易编码填写,如果本笔对境外付款为多种交易性质,则在第一行填写最大金额交易相应的币种和金额,第二行填写其余币种及金额。两栏合计数应等于汇款币种及金额。在POCIB中,此处填写的金额应与汇款金额及币别相同。

29. 交易附言

指本笔付款交易性质的描述。可不填。

30. 外汇局批件/备案表号

指外汇局签发的,银行凭以对外付款的各种批件或进口付汇备案表号。可不填。

31. 报关单经营单位代码

海关颁发给报关单位的注册登记代码;货到付款方式下报关单位经营代码必须正确填写,其他支付方式下可不填。在POCIB中,不需要填写。

32. 报关单号

填写海关报关单上的编码,应与海关报关数据库中提示的编码一致。在POCIB中,不需要填写。

33. 报关单币种及总金额

在POCIB中,不需要填写。

34. 本次核注金额

在POCIB中,不需要填写。

35. 申请人姓名、电话

填写申请汇款人公司英文名称及电话号码。

二、实训指导4-1

电汇主要用于当合同采用T/T结算方式时的进口商付款,进口商应根据合同支付条款的约定,及时去银行办理付款。

在POCIB中,T/T方式下付款可以分为三类:一是全额前T/T,进口商支付发生在出口商货物交付之前;二是全额后T/T,进口商支付发生在出口商货物交付之后;三是货物交付前先支付一部分货款(支付定金),再在货物出运后支付尾款,系统设定出口商寄单在支付尾款后。

进入"我的订单"的"业务履约"页面,选择进入相应的业务条目;点击"单据中心",添加"境外汇款申请书"(分支付定金、支付尾款、支付全款)并填写,样例如图4-2所示。

进入"城市中心"中的"银行",在弹出页面中点击"付款",选择相应的合同;点击"添加单据"按钮,选择单据"境外汇款申请书"(支付定金、支付尾款或支付全款);点击"办理"按钮,完成付款。

境外汇款申请书
APPLICATION FOR FUNDS TRANSFERS (OVERSEAS)

致 TO: THE BANK of TOKYO-MITSUBISHI, LTD　　　　日期 DATE: 2019-7-18

☑ 电汇 T/T　□ 票汇 D/D　□ 信汇 M/T　　发电等级 Priority: ☑ 普通 Normal　□ 加急 Urgent

申报号码 BOP Reporting NO.				
20 银行业务编号 Bank Transac.ref.no.		收电行/付款行 Receiver/Drawn on		
32A 汇款币种及金额 Currency & Interbank Settlement Amount	[USD] [237006]	金额大写 Amount in Words	USD TWO HUNDRED AND THIRTY SEVEN THOUSAND SIX	
其中	现汇金额 Amount in FX	[ ] [ ]	帐号 Account NO./Credit Card NO.	
	购汇金额 Amount of Purchase	[USD] [237006]	帐号 Account NO./Credit Card NO.	6101000000781
	其他金额 Amount og Others		帐号 Account NO./Credit Card NO.	
50a 汇款人名称及地址 Remitter's Name & Address	RIQING EXPORT AND IMPORT COMPANY P.O.BOX 1589.NAGOYA.JAPAN		个人身份证件号码 Individual ID No.	
□ 对公 组织机构代码 Urut Code	000000078	□ 对私	☑ 中国居民个人 Resident individual　□ 中国非居民个人	
54/56a 收款银行之代理行名称及地址 Correspondent of Beneficitry's Bank Name & Address				
57a 收款人开户银行名称及地址 Beneticiary's Bank Name & Address	收款人开户银行在其代理行帐号 Bene's Bank A/C NO. BANK OF CHINA 170 People Avenue. Shanghai. China			
59a 收款人名称及地址 Beneticiary's Name & Address	收款人帐号 Bene's A/C NO. 6101000000457 AIGE IMPORT & EXPORT COMPANY ROOM 2501.JIAFA MANSION.BEIJING WEST ROAD.SHANGHAI 200001.P.R.CHINA			
70 汇款附言 Remittance Information	只限140个字位 Not Exceeding 140 Characters		71A 国内外费用承担 All Bank's Charges if Any Are To Be Borne By ☑ 汇款人 OUR　□ 收款人 BEN　□ 共同 SHA	
收款人常驻国家(地区)名称及代码 Resident Country/Region Name & Code	CHINA 142			
BOP Transac Code 请选择: ☑ 预付货款 Advance Payment　□ 货到付款 Payment Against Delivery　□ 退款 Refund　□ 其他 Other　最迟装运日期 Currency & Amount　　　　　　　　　　　　　　　　　　　　　Transac.Remark				
是否为进口核销项下付款	□ 是　□ 否	合同号		发票号
外汇局批件/备案表号		报关单经营单位代码		
报关单号	报关单币种及总金额		本次核注金额	
报关单号	报关单币种及总金额		本次核注金额	

银行专用栏 For Bank Use Only		申请人签章 Applicant's Signature	银行签章 Bank's Signature
购汇汇率 Rate		请按贷背页所列条款代办以上汇款并进行申报 Please Effect The Upwards Remittance,Subject To The Conditions Overleaf:	
等值人民币 RMB Equivalent			
手续费			
电报费 Cable Charges			
合计 Total Charges		申请人姓名 Name of Applicant	RIQING EXPORT AND IMPORT COMPA	核准人签字 Authorized Person
支付费方式 In Payment of the Remittance	□ 现金 by Cash □ 支票 by Check □ 帐户 from Account	电话 Phone No.	81-3-932-3588	日期 Date
核印 Sig. Ver.		经办 Maker		复核 Checker

填写前请仔细阅读各项背面条款及填报说明
Please read the conditions and instructions overleat before filling in this application

图 4-2　境外汇款申请书

任务二 托 收

一、理论知识

(一) 托收的含义及其当事人

1. 托收的含义

托收(collection),是指由接到托收指示的银行根据所收到的指示处理金融单据和/或商业单据,以便取得付款/承兑。这里的金融单据,又称资金单据,包括本票、支票和汇票,在国际贸易中往往指汇票;商业单据则是指发票、运输单据等。托收一般的做法是:由债权人(卖方)根据发票金额,开立以买方为付款人的汇票向债权地(卖方)银行提出申请,委托银行通过其在债务地分行或其他往来银行,代为向买方收取货款。

托收按是否附带货运单据分为光票托收和跟单托收两种。前者是指出口商仅开具汇票而不附带货运单据的托收,后者是指在出口商所开具汇票以外,附有货运单据的托收。目前正常的进出口贸易均采用跟单托收的方式。跟单托收按照交单条件不同,又可分为付款交单(documents against payment,D/P)和承兑交单(documents against acceptance,D/A)。

2. 托收的当事人

托收支付方式涉及四个当事人,其主要责任如下。

(1) 委托人,也称出票人,一般是出口商,主要是行使与进口商签订的合同上的条款,履行与银行签订的委托收款合同。

(2) 寄单行,也称托收行,是委托代收款项的银行,主要是按照委托人的要求和国际惯例进行业务处理。

(3) 代收行,是在进口地的代理人,根据托收行的委托书向付款人收款的银行。

(4) 付款人,一般是进口商,即支付款项的人。

这四个当事人之间的关系为:出口商与进口商是买卖业务中的债权人与债务人的关系;出口商与托收行是委托代理关系,委托书是他们之间的契约;托收行与代收行也是委托代理关系,协议是他们之间的法律文件;唯有代收行与进口商之间仅仅是银行业务关系。

托收方式属于商业信用,具有一定的风险性。银行办理托收业务时,既没有检查货运单据是否正确或完整的义务,也没有承担付款人必须付款的责任。托收虽然是通过银行办理,但银行只是作为出口商的受托人行事,并没有承担付款的责任,进口商不付款与银行无关。

（二）跟单托收的交单方式

1. 付款交单（D/P）

付款交单是委托人指示银行，在付款人付清款项后方能将单据交给付款人。付款交单按付款时间可分为即期付款交单和远期付款交单。

1）即期付款交单（D/P at sight）

即期付款交单是付款交单最常见的方式，它是委托人向托收行提交即期汇票并随附商业单据，委托托收行寄交代收行，并指示代收行提示即期汇票，要求付款人付款，付款人审核有关单据无误后立即付款赎单。如付款人拒绝接受单据，付款人应提出拒付理由，单据由代收行暂代保管，代收行将拒付情况及理由电告托收行，等候其进一步答复。

2）远期付款交单（D/P after sight）

远期付款交单指进口商在银行提示远期跟单汇票时先承兑，待汇票到期日再付款，付款人付清货款后银行才交单。远期付款交单方式的目的是给进口商以准备资金的时间，在到期付款之前，单据由代收行掌握。

远期付款交单的缺点是在"远期"的时间间隔之内，如果货物已经抵达目的港，而进口商尚未付款，不能得到单据，无法提取货物，以致货物滞留港口码头，易遭损失或罚款。但是代收行/提示行按托收指示，不得不将单据延至付款以后交出。

D/P 无论汇票是即期还是远期，必须是付款人付款，代收行才能交单，即"一手交钱，一手交单"。

2. 承兑交单（D/A）

承兑交单指银行以付款人承兑汇票作为交付单据的条件，具体来说就是委托人提交远期跟单汇票，并提示银行只需付款人在远期汇票上承兑即可将单据交付给他。单据凭承兑汇票一经交出，则银行对这样交出的单据就不承担进一步的责任了。承兑交单是出口商给予进口商的一种真正意义上的资金融通，允许进口商仅凭承兑汇票就取得单据提取货物，待到付款到期日再付款。所谓"承兑"就是汇票付款人（进口商）在代收银行提示远期汇票时，对汇票的签字承诺付款的行为。承兑的手续是付款人在汇票上签署并批注"承兑"字样及日期，并将汇票退交持有人。

（三）托收的交易风险

由于跟单托收方式是出口商先发货后收取货款，进口商付款靠的是其商业信誉。如果进口商破产倒闭，丧失付款能力，或货物发运后进口地货物价格下跌，进口商借故拒不付款，或进口商事先没有领到进口许可证或者没有申请到外汇，被禁止进口或无力支付外汇等，出口商不但无法按时收回货款，而且可能造成钱货两空的损失。

另外，如果货物已经到达进口地，进口商借故不付款，出口商还要承担货物在目的地的提货、存仓、保险费用和可能变质、短量、短重的风险，如果货物转售其他地方，会产生数量与价格上的损失，如果货物转售不出去，出口商就要承担货物运回本国的费用以及可能因为存储时间过长被当地政府贱卖的损失等。

相比于 D/P，D/A 对出口商而言风险更大，承兑交单作为托收方式的一种，进口商在未付款之前，即可取得货运单据，凭以提取货物。一旦进口商到期不付款，出口商便可能钱货两空。因而,出口商对采用此种方式持严格控制的态度。虽然,上述损失出口商有权向进口商索赔,但在实践中,在进口商已经破产或逃之夭夭的情况下,出口商即使可以追回一些赔偿,也难以弥补全部损失。

很明显,托收对进口商比较有利,可以免去开证的手续以及预付押金,还有可以预借货物的便利,但出口商始终处于不利地位。尽管如此,在当今国际市场出口日益竞争激烈的情况下,出口商为了推销商品、占领市场,有时也不得不采用托收方式。

(四) 托收委托书的缮制

在付款交单和承兑交单中,出口商发货取得货运单据后,委托银行办理托收时,都需要向银行提交托收委托书,如图 4-2 所示。托收委托书,又称托收指示,是委托人即出口商提交托收单据时,填写、签署并同时交付给银行的关于如何处理该笔托收单据的委托代理协议。

1. 致

填写托收行名称。在 POCIB 中,只要求填写出口地银行的中文名称即可。

2. 日期

办理托收的日期。

3. 托收行(remitting bank)

填写出口地银行的名称和地址。在 POCIB 中,此处应填写出口地银行的中文名称和地址。

4. 代收行(collecting bank)

填写进口地银行的名称和地址。在 POCIB 中,此处应填写进口地银行的英文名称和地址。

5. 委托人(principal)

填写出口商名称和联系方式。在 POCIB 中,应填写出口商的中文名称、中文地址和联系电话。

6. 付款人(drawee)

填写进口商名称和联系方式。在 POCIB 中,应填写进口商的英文名称、英文地址和联系电话。

7. 托收方式

在 D/P、D/A 中选择其一。在 POCIB 中,应根据合同支付条款规定在对应的"□"打"√"。

8. 发票号码

填写商业发票编号。

9. 金额

填写需要托收的金额。在 POCIB 中,应按合同币别及合同金额填写。

10. 国内、外费用承担人

在付款人与委托人中选择其一。

11. 单据种类、份数

根据需要,在所列的单据与相应份数中进行选择和填写。一般汇票份数、商业发票、装箱单份数必填,其他单据根据实际情况、要求与是否申请和获得来填写。

12. 付款指示及其他

开户行名称填写出口商开户行中文名称，账号填写合同币别对应的外汇账号，联系人姓名、电话、传真按需要填写。在 POCIB 中，以上信息须与出口商基本资料一致。

二、实训指导 4-2

在 POCIB 中，托收程序是出口商在货物发运并取得货运单据后，及时将单据提交银行，由银行代出口商办理收款。对出口方而言，D/P 或 D/A 的制单、交单程序是一样的，只是在填制单据时注意是付款交单还是承兑交单，以及是即期还是远期。跟单托收时需要把托收委托书和相关的金融单据（汇票）、商业单据（发票、提单等）交给出口地银行办理。托收委托书的办理步骤如下。

（1）进入"我的订单"的"业务履约"页面，选择进入相应的业务条目；点击"单据中心"，分别添加"托收委托书"（见图 4-3）并填写。

图 4-3　托收委托书

(2) 出口商交单。在"My City"（城市中心）里点击"银行"，在弹出画面点击"交单"，选择合同为该笔合同，添加单据[商业发票、装箱单、航空运单、货物运输保险单、汇票、托收委托书、一般原产地证、品质证书、健康证书、植物检疫证书、数量/重量证书（后面五张证书本例中有申请，因此需要提交，如果没有申请此处可不提交）]，然后点击"办理"，完成交单。等待一段时间后，进口商收到银行发来的赎单通知。

(3) 进口商付款（D/P 方式付款后才能赎单，D/A 方式此处只要承兑就能赎单，在汇票到期日前付款即可）。进口商收到银行发来的单据到达的赎单通知后，在单据中心可查看银行寄来的"对外付款/承兑通知书"，在该通知书"同意即期付款"前的"□"打"√"即可。单据填写完成后，在"My City"（城市中心）里点击"银行"，在弹出画面点击"付款"，选择合同为该笔合同，添加单据"对外付款/承兑通知书"，然后点击"办理"，完成付款。

(4) 进口商取回单据。付款后，在"My City"（城市中心）里点击"银行"，在弹出画面点击"取回单据"，选择合同为该笔合同，然后点击"办理"，取回单据（之后，进口商就可以办理进口报检、报关和提货了）。

任务三 信 用 证

一、理论知识

（一）信用证含义及分类

1. 信用证的含义

信用证（letter of credit，L/C），指由银行（开证行）依照（申请人的）要求和指示或自己主动，在符合信用证条款的条件下，凭规定单据向第三者（受益人）或其指定方进行付款的文件。简言之，信用证是银行出具的一种有条件的付款保证文件。

信用证方式是银行信用介入国际货物买卖货款结算的产物。它的出现不仅在一定程度上解决了买卖双方互不信任的矛盾，而且还能使双方在使用信用证结算货款的过程中获得银行资金融通的便利，从而促进了国际贸易的发展，因此被广泛地应用于国际贸易之中，成为当今国际贸易中一种主要的结算方式。按照这种结算方式的一般规定，进口商先将货款交存银行，由银行开立信用证，通知异地出口商开户银行转告出口商，出口商按合同和信用证规定的条款发货，银行代进口商付款。这样既解决了进口商担心预付款后出口商不按合同要求发货的顾虑，同时也解决了出口商担心在发货或提交货运单据后进口商不付款的困扰。信用证支付具有银行信用、自足文件和单据买卖几个显著特点，在使用信用证支付时必须要明确。

2. 信用证的分类

信用证项下的汇票按是否附有货运单据划分为跟单信用证（documentary credit）和光票

信用证(clean credit);按开证行所负的责任为标准可以分为不可撤销信用证和可撤销信用证。目前外贸业务实际使用的信用证均为不可撤销的跟单信用证。

按兑付方式的不同,信用证又可分为即期付款信用证、延期付款信用证、承兑信用证和议付信用证。

1) 即期付款信用证

即期付款信用证(credit available by payment at sight,或 sight payment credit),是指规定受益人开立即期汇票,或不需汇票仅凭单据即可向指定银行提示请求付款的信用证。这种信用证,开证行或付款行在收到符合信用证条款的跟单汇票或装运单据后,应立即履行付款义务。

2) 延期付款信用证

延期付款信用证(credit available by deferred payment,或 deferred payment credit),是指延期付款信用证中载明了银行的承诺条款,规定信用证的受益人(一般是出口商)在装船发货并且把出口的单据提交给开证行,开证行经过审核单证相符后,等到了信用证规定付款的最后期限时,由开证行先行把货款支付给信用证受益人,等到远期汇票到期时,进口商再向开证行交款赎单。

3) 承兑信用证

承兑信用证(credit available by acceptance,或 acceptance credit)是指开证行或付款行在收到符合信用证条款的单据及远期汇票后给予承兑,付款行待汇票到期时再行付款的信用证。

在承兑信用证下,一方面,受益人获得了银行承兑的汇票就意味着银行对受益人承诺要进行远期的不可撤销的付款,而银行的信誉较好,因而经银行承兑了的远期汇票的安全性、流通性都较好,出口商可以在自付贴现费用的基础上将此汇票进行贴现以获得融资,所以承兑信用证的变现能力较强。另一方面,承兑信用证要受到有关信用证的国际惯例和有关国家的票据法的约束,因而一旦在交易过程中发生纠纷的话,作为承兑信用证下的受益人就会受到双重的法律保护,因此,承兑信用证下能够保证受益人收到货款。

4) 议付信用证

议付信用证(credit available by negotiation credit)是指信用证规定由某一银行议付或任何银行都可议付的信用证。开证行邀请其他银行买入汇票及/或单据,允许受益人向某一指定银行或任何银行交单议付。议付行在审单无误后,从垫付资金中扣去垫款利息,将净款立即付给受益人。

(二) 信用证支付的业务流程

跟单信用证的支付流程一般包括以下步骤。

(1) 国际贸易买卖双方在贸易合同中约定采用信用证结算。

(2) 进口商根据合同填写开证申请书,向所在地银行申请开证并交纳一定数额的信用证保证金。

(3) 开证行按申请书中的内容开出以出口商为受益人的信用证,再通过出口商所在地的往来银行向出口商发出信用证通知书。

（4）出口商接到信用证通知书后，凭此通知书前往银行领取并审核信用证，如出口商发现信用证有问题，则应及时告知进口商，由进口商通过银行修改信用证。

（5）出口商确认信用证后即备货出运，取得货物装船的有关单据。

（6）出口商按信用证的指示备齐所需单证，在有效期内向所在地银行交单，或向议付行办理议付货款。

（7）银行核验信用证和有关单据合格后，按照汇票金额扣除利息和手续费，将货款垫付给出口商，出口商收到后即可结汇。

（8）议付银行将汇票和货运单寄给开证银行收账，开证行收到汇票和有关单据后，通知进口商付款。

（9）进口商接到开证银行的通知后，向开证行付款或承兑并领取货运单据。

（三）开证申请书的缮制

开证申请书是进口商按照销售合同（确认书）的规定，为了履行合同而要求银行代其向出口商开立信用证时所递交的书面申请文件。开证申请书是开证行受理申请并开立信用证的依据，信用证中除了格式性条款外，其余条款都是参照开证申请书的内容而规定的。

1. 致

填写开证行名称，即进口地银行名称。在 POCIB 中，可在银行网站首页查询进口地银行英文名称并填写。

2. 日期

申请开证日期，须符合日期格式且在合同日期之后，如 2023-05-23。

3. 开证方式选择

开证方式有以下四种。

（1）信开信用证(issue by airmail)。此方式开证行将信用证航空邮寄给通知行。

（2）简电形式开立信用证(with brief advice by teletransmission)。此方式开证行将信用证主要内容发电预先通知受益人，随后寄出完整的正式信用证。

（3）信开信用证(issue by express delivery)。此方式开证行以快递将信用证寄给通知行，与第一种方式的唯一区别在于传递信用证的方式不同。

（4）全电形式开立信用证(issue by teletransmission, which shall be the operative instrument)。此方式开证行将信用证的全部内容加注密押后发出。目前普遍采用"全电开证"，且广泛使用 SWIFT 方式。

4. 信用证号码

信用证号码(credit No.)由银行填写。

5. 信用证有效期及地点

有效期通常控制在装运期后 15 天之内，日期格式为（YYYY-MM-DD）；到期地点一般在议付行所在地，即受益人所在地。如 2023-06-30 SHANGHAI。

在 POCIB 中，此栏有效期至少距离当前日期 5 天，在开证日期之后，必须与开证日期留有适当间隔。

6. 开证申请人名称和地址

向银行提出申请开立信用证的人一般就是买卖合同的买方，即进口商。在POCIB中，此栏填写进口商英文名称和地址，可在公司资料中复制。

7. 受益人全称和详细地址

受益人指信用证上所指定的有权使用该信用证的人，一般就是合同中的卖方，即出口商。在POCIB中，填写受益人全称和详细地址，即出口商英文名称和地址，可在合同中复制。

8. 通知行

如果该信用证需要通过开证行以外的另一家银行转递、通知或加具保兑后给受益人，则该栏目内填写该银行。在POCIB中，填写出口地银行的英文名称和地址，可在银行网站"世界各大银行基本信息"中查询。

9. 信用证金额

填写合同币别和合同金额，分别用数字小写和英文大写表示。以小写输入时必须包括币种与金额，如：USD 81600 或 USD EIGHTY ONE THOUSAND SIX HUNDRED ONLY。

在POCIB中，大写金额必须与合同完全一致，建议直接复制合同中"Say Total"的内容。

10. 分批装运条款

填写在跟单信用证条件下是否允许分批装运。

11. 转运条款

填写在跟单信用证条件下是否允许转运。

12. 填写装运港名称

在POCIB中，装运港须根据合同规定填写，与合同中"Port of Shipment"的内容完全一致，格式为："港口名，国家"，例如：HAMBURG，GERMANY。目的港与装运港填写方式一样。

13. 最迟装运期

在POCIB中，必须为8位日期格式，并在开证日期之后、信用证有效期之前，例如：20230615。

14. 目的港名称

填写目的港名称。

15. 贸易术语（价格条款）

根据合同内容选择贸易术语。在CIF、FOB、CFR或其他术语（or other terms）中选择。

16. 押汇银行名称

填写此信用证可由××银行即期付款、承兑、议付、延期付款，即押汇银行（出口地银行）名称。如果信用证为自由议付信用证，银行可用"ANY BANK IN…（地名/国名）"表示，而且对议付地点也无限制时，可用"ANY BANK"表示。"By"后可根据约定或实际情况选以下四种之一。

（1）即期付款信用证。受益人根据开证行的指示开立即期汇票，或无须汇票仅凭运输单据即可向指定银行提示请求付款的信用证。

在POCIB中，如果合同中付款方式后的期限选择"AT SIGHT"，则可选择即期付款信用证或议付信用证。

（2）承兑信用证。信用证规定开证行对于受益人开立以开证行为付款人或以其他银行为付款人的远期汇票，在审单无误后，应承担承兑汇票并于到期日付款的信用证。如果选择承兑付款，则必须选择下面的"汇票"。

在POCIB中，如果合同中付款方式后期限选择"AT 30 DAYS AFTER SIGHT"等远期付款期限，则可选择承兑信用证。进口商若开立承兑信用证，可以直接承兑后办理取回单据的步骤，不需要立刻付款，也不需要跟着业务进度图颜色提示操作，直接承兑后，办理取回单据的步骤即可。

（3）议付信用证。开证行邀请其他银行买入汇票及/或单据，允许受益人向某一指定银行或任何银行交单议付。由受益人（出口商）选择任何愿意议付的银行，提交汇票、单据给所选银行请求议付的信用证称为自由议付信用证，反之为限制性议付信用证。

在POCIB中，如果合同中付款方式后期限选择"AT 30 DAYS AFTER SIGHT"等远期付款期限，则可选择承兑信用证、议付信用证、延期付款信用证。

（4）延期付款信用证。它是指不需汇票，仅凭受益人交来单据经审核相符且从确定银行承担延期付款责任起，延长一段时间至到期日付款的信用证。如果开具这类信用证，需要写明延期多少天付款，例如：at 60 days from payment confirmation（60天承兑付款）、at 60 days from B/L date（提单日期后60天付款）等。

在POCIB中，如果合同中付款方式后的期限选择"AT 30 DAYS AFTER SIGHT"等远期付款期限，则可选择承兑信用证、议付信用证、延期付款信用证。

"against the documents detailed herein and beneficiary's draft(s) for ＿＿% of invoice value at ＿＿ sight drawn on ＿＿"此栏为汇票信息，意思为：连同下列单据，受益人按发票金额＿＿%，做成限制为＿＿天，付款人为＿＿的汇票。

注意：选择"即期付款信用证"时此栏可填可不填；选择"承兑信用证"或"议付信用证"此栏必须填写；选择"延期付款信用证"，此栏不可填写。

17. 信用证需要提交的单据

即在所需要的单据前的括号内打"×"，以及填写份数和其他选项。

在POCIB中，信用证需要提交的单据类型和正本副本份数应与合同"DOCUMENTS"栏所填内容一致，具体解释如下。

（1）经签字的商业发票（commercial invoice）一式＿＿正本（original）和＿＿副本（copy），注明信用证号和合同号。在POCIB中，商业发票必须选择。

（2）全套清洁已装船海运提单（clean on board bills），做成空白抬头、空白背书，注明"运费[ ]到付/[ ]已付"，[ ]标明运费金额，并通知＿＿。

空运提单（air waybill）收货人为＿＿，注明"运费[ ]到付[ ]已付"，[ ]标明运费金额，并通知＿＿。

在POCIB中注意：①海运提单、空运提单必须二选一，并与运输方式相符。②如果是以CFR、CIF、CIP、CPT成交，就要求对方出具的提单为"运费已付"（freight prepaid），如果是以FOB、FCA成交，就要求对方出具的提单为"运费到付"（freight collect）。

（3）保险单/保险凭证（insurance policy/certificate）一式＿＿正本和＿＿副本，按发票金额的＿＿%投保，注明赔付地在＿＿，以汇票同种货币支付，空白背书，投保＿＿。

在POCIB中注意：①如果按CIF、CIP成交，必须选择保险单，且正本、副本份数必须与合同一致；②赔付地应要求在进口国目的港，以便一旦出现问题，方便解决；③投保加成必须与合同一致；④投保险别应点击横线选择，且必须与合同一致。

（4）装箱单（packing list）一式____正本和____副本，注明每一包装的数量、毛重和净重。在POCIB中，装箱单必须选择。

（5）数量/重量证书（certificate of quantity/weight）一式____正本和____副本。

（6）品质证书（certificate of quality）一式____正本和____副本。

（7）一般原产地证书（certificate of origin）一式____正本和____副本。

在POCIB中注意：数量/重量证书、品质证书、一般原产地证书应根据合同选择，如果合同里规定了，这里就必须选择，且正本、副本份数必须与合同一致。

（8）其他需要的单据（other documents, if any）。①植物检疫证书（certificate of phytosanitary）一式____正本和____副本。②健康证书（health certificate）一式____正本和____副本。③普惠制产地证（certificate of origin Form A）一式____正本和____副本。

在POCIB中注意：植物检疫证书、健康证书、普惠制产地证应根据合同选择，如果合同里规定了，这里必须选择，并且正本、副本份数必须与合同一致。

18．货物描述

货物描述一般包括：商品编号、商品英文名称、商品英文描述（必须与合同上商品描述完全一致）、商品销售数量（quantity）、商品单价（price）等。

在POCIB中，填写货物描述，必须按规定的格式与内容，举例如下。

合同签订情况如图4-4所示。

Choice	Product No.	Description	Quantity	Unit	Unit Price	Amount
			[FCA ▼] [Santiagos,Cuba		▼]	
●	25011	STERLING SILVER TURQUOISE LEAVES FLORAL BRACELET MATERIAL:925 STERLING SILVER,MAIN STONE:PINE GREEN,PERIMETER:140MM,MAXIMUM WIDTH:46MM,WEIGHT:64.8G	100	PCS	USD400	USD40000
		Total:	100	PCS	[USD ▼]	[40000]
		Say Total: USD FORTY THOUSAND ONLY				

图4-4 合同签订界面

商品25011的商品基本资料如图4-5所示。

按照上述填写规范，该栏位应填写如下内容。

25011

STERLING SILVER TURQUOISE LEAVES FLORAL BRACELET

MATERIAL：925 STERLING SILVER, MAIN STONE：PINE GREEN, PERIMETER：140MM, MAXIMUM WIDTH：46MM, WEIGHT：64.8G

QUANTITY：100 PCS

PRICE：USD400

图 4-5 商品 25011 的基本资料

19．附加条款

附加条款是对以上各条款未述之情况的补充和说明,且包括对银行的要求等(可选)。

(1) 开证行以外的所有银行费用由受益人承担。

(2) 所需单据须在运输单据出具日后多少天内提交,但不得超过信用证有效期。

(3) 第三方为托运人不可接受,简式/背面空白提单不可接受。

(4) 数量及信用证金额允许有____%的增减。

(5) 所有单据须指定船运公司。

20．其他条款

有需要说明的其他条款。

（四）信用证的审核与修改

1．审核信用证

买方应参照双方成交的合同以及《跟单信用证统一惯例》(UCP600)的规定及实际业务中可能出现的一些情况,对收到的信用证进行认真细致的审核,审核要点即为信用证六大方面的具体内容。

(1) 信用证名称、形式、号码、开证日期、受益人、开证申请人、信用证金额、有效期限。

(2) 汇票的出票人、付款人、汇票期限、出票条款。

(3) 货物描述中的货名、数量、单价。

(4) 所需单据要求,如:商业发票、装箱单、提单、其他单据及份数。

(5) 运输条款中的装货港、卸货港或目的地、装运期限、可否分批装运、可否转运。

(6) 保兑、保付条款及开证行对议付行的指示条款、议付金额背书条款、索汇方法、寄单方法等。

如果发现其中内容存在问题应及时向买方提出修改要求及具体意见；如无须修改即自动确认接受。

2. 信用证修改的规则、流程与注意事项

信用证需要修改的原因有很多，主要的就是在审核中发现的那些不符买卖合同或不利于出口商安全收汇的条款。信用证修改的规则为：只有买方（开证申请人）有权决定是否接受修改信用证；只有卖方（受益人）有权决定是否接受信用证修改。信用证修改的流程为：卖方审证→函电要求买方改证→买方通知开证行改证→开证行改证并转交通知行→通知行将信用证修改通知转交卖方。

根据外贸实践，修改信用证要注意以下几点。

(1) 凡需修改的各项内容应做到一次性具体明确地提出，避免多次改证，延误时间。

(2) 非修改不可的，应坚决要求修改；可改可不改的，应视具体情况而定，可不做修改。

(3) 收到信用证修改书后，应及时检查修改内容是否符合要求，并及时分辨情况表示接受或重新提出修改。

(4) 对收到的修改通知书的内容要么全部接受，要么全部拒绝，部分接受修改内容是无效的。

(5) 对于不可撤销信用证中任何条款的修改都必须取得有关当事人的同意后方能生效，对信用证修改书的接受或拒绝有两种表示方式：一是受益人做出接受或拒绝该信用证修改书的通知；二是受益人仍按原信用证的条款办事。

(6) 明确修改费用由谁承担，可以按照责任归属来确定。

3. 常用的信用证修改条款

对于信用证与合同的不符之处或其他意见，出口商需要向进口商传送规范、具体的改证函，内容一般包括三个层次：首先感谢对方开来的信用证并提出要求修改信用证，如 We are very pleased to receive your L/C No.... issued by... please instruct your bank to amend the L/C ASAP.；然后列明不符之处并说明如何修改，如 The L/C contains the following discrepancies, it is to be amended as follows....最后感谢对方合作，并希望早日开到信用证修改书：Thank you for your kind cooperation. Please see to it that the L/C amendment reach us before...

根据外贸实践经验，信用证常出现的修改条款主要有以下几点。

(1) 延长信用证有效期或更改信用证到期地点，如"Extend the dates of validity to...", "The place of expiry to be changed to..."

(2) 更改受益人名称及地址，如"Amend the beneficiary's name and address to read..."

(3) 增加或减少信用证金额，如"This credit amount to be increased by ... making a total of..."

(4) 修改为准许分批装运或转运，如"Partial shipments and/or transshipment are allowed."

(5) 更改装卸地名，如"Shipment to be made from... to..."

(6) 延长装运期，如"Extend the dates of shipment to...,validity to..."

(7) 修改货物名称或规格，如"Merchandise to be changed to read as..."或"Amend commodity description to read..."

（8）增加或减少货物数量，如"Increase/Decrease the quantity of commodity by…to…"

（9）修改或删除所需单据中的某项，如"Amend/Delete the certificate by…to…"

（10）删除信用证条款，如"Delete the clause…"或"Item of special instructions to be deleted and substituted as…"

二、实训指导 4-3

蓝海公司和绿河公司订立的销售确认书中明确选用信用证结算方式，因此进口商（绿河公司）应及时向开证行递交开证申请书。

1. 进口商（绿河公司）填写不可撤销跟单信用证开证申请书

在 POCIB 中，进入"我的订单"的"业务履约"页面，选择进入相应的业务条目，并点击"单据中心"，然后再点击"添加新单据"，在弹出页面中点击"不可撤销信用证开证申请书"对应的"添加"按钮（鼠标移到该条目上方可显示按钮），然后回到单据中心，点击打开"不可撤销信用证开证申请书"并填写（见图 4-6）。

2. 进口商（绿河公司）办理开证申请

进入"城市中心"，点击标志为"银行"的建筑物，在弹出页面中点击"申请开证"，选择合同为该笔合同，添加单据（外销合同、不可撤销信用证申请书），然后点击"办理"，完成开证申请。

3. 出口商（蓝海公司）审核、修改、确认信用证

进口商（绿河公司）开出信用证并等待一段时间后，出口商（蓝海公司）将收到银行发来的信用证到达通知，然后在单据中心里可看到"信用证通知书"；出口商（蓝海公司）凭此通知书前往出口地银行领取信用证。

进入"城市中心"，点击标志为"银行"的建筑物，在弹出页面中点击"领取信用证"，选择合同为该笔合同，添加单据（信用证通知书），然后点击"办理"，完成信用证领取。再进入"单据中心"，可点击查看信用证内容（见图 4-7）。

收到信用证后首先要对其进行审核，审核的重点是看信用证内容（信用证主要项目）与销售合同或销售确认书是否一致，是否符合 UCP600，以及有无与我国外贸、外汇政策相冲突的条款和其他软条款等。

在审核信用证的过程中，出口商若对其条款和内容有疑义，可通过消息系统与进口商取得联系，要求进口商修改信用证。进口商修改信用证的流程与申请开证的流程相似，并可进行多次修改。在 POCIB 中，除了修改信用证的有效期，其他条款不可做任何修改。一般信用证是在到达出口商时即开始生效，而信用证修改书必须由出口商接受方可生效，否则该修改书无效。

信用证修改书的领取与确认是在进入"我的订单"-"业务履约"后，选择进入相应的业务条目，再点击"单据中心"，打开"信用证修改书"，点击修改书上的"接受"后，该信用证修改书即刻生效；若出口商认为修改书有问题，也可点击修改书上的"拒绝"，并要求进口商再次修改信用证。

IRREVOCABLE DOCUMENTARY CREDIT APPLICATION

TO: Banco Do Brazil　　　　　　　　　　　　　　　　　　　　DATE: 2023-05-23

☐ Issue by airmail　☐ With brief advice by teletransmission ☐ Issue by express delivery ☒ Issue by teletransmission (which shall be the operative instrument)	Credit NO. Date and place of expiry [0230630] [China]
Applicant Brazil Green River International Trading Co., Ltd. N0.9 Avenida Pedro Calmon, Rio de Janeiro, Brazil	Beneficiary (Full name and address) China Blue Ocean International Trade Co., Ltd. Hainan Building, No.8 Guoxing Street, Meilan District, Haikou, Hainan
Advising Bank BANK OF CHINA 170 People Avenue, Shanghai, China	Amount [USD] [25000] US DOLLARS TWENTY FIVE THOUSAND ONLY
Partial shipment　　　　Transshipment ☒ allowed ☐ not allowed　☒ allowed ☐ not allowed	Credit available with ANY BANKS IN CHINA By
Loading on board/dispatch/taking in charge at/from Shanghai, China not later than 20230531 For transportation to: Rio De Janeiro, Brazil ☐ FOB　☐ CFR　☒ CIF ☐ or other terms _____	☒ sight payment　☐ acceptance　☐ negotiation ☐ deferred payment at [select] against the documents detailed herein ☒ and beneficiary's draft(s) for 100 % of invoice value at ---- sight drawn on Banco Do Brazil

Documents required: (marked with X)

1.(☒) Signed commercial invoice in 1 original(s) and 3 copy(copies) indicating L/C No. and Contract No. CBO230522
2.(☒) Full set of clean on board Bills of Lading made out to order and blank endorsed, marked "freight [ ] to collect / [☒] prepaid
　　　[☒] showing freight amount" notifying THE APPLICANT
　( ) Clean Air Waybill consigned to _____, marked "freight [ ] to collect/[ ] prepaid " notifying _____
3.(☒) Insurance Policy/Certificate in 1 original(s) and 3 copy(copies) for 130 % of the invoice value showing claims payable
　　　in Brazil in currency of the draft, blank endorsed, covering ALL RISKS, WAR RISKS, STRIKES
4.(☒) Packing List Memo in 1 original(s) and 3 copy(copies) indicating quantity, gross and weights of each package.
5.( ) Certificate of Quantity/Weight in ___ original(s) and ___ copy(copies)
6.( ) Certificate of Quality in ___ original(s) and ___ copy(copies)
7.( ) Certificate of Origin in ___ original(s) and ___ copy(copies)

Other documents, if any

1.( ) Certificate of phytosanitary in ___ original(s) and ___ copy(copies)
2.( ) Health Certificate in ___ original(s) and ___ copy(copies)
3.(☒) Certificate of Origin Form A in 1 original(s) and 3 copy(copies)

Description of goods:
12010
CHINESE CERAMIC CUP
PACKING: 10UNITS/CARTON
QUANTITY: 25000 UNITS
PRICE: USD 1

Additional instructions:

1.(☒) All banking charges outside the opening bank are for beneficiary's account.
2.(☒) Documents must be presented within 15 days after date of issuance of the transport documents but within the validity of this credit.
3.(☒) Third party as shipper is not acceptable, Short Form/Blank B/L is not acceptable.
4.( ) Both quantity and credit amount ___ % more or less are allowed.
5.( ) All documents must be forwarded in _____
　( ) Other terms, if any

图 4-6　开证申请书

LETTER OF CREDIT
---------------------------------- MESSAGE TEXT ----------------------------------

:27:SEQUENCE OF TOTAL
   1/1
:40A:FORM OF DOCUMENTARY CREDIT
   IRREVOCABLE
:20:DOCUMENTARY CREDIT NUMBER
   002/0000058
:31C:DATE OF ISSUE
   230523
:40E: APPLICABLE RULES
   UCP LATEST VERSION
:31D:DATE AND PLACE OF EXPIRY
   20230630   CHINA
:51A: APPLICANT BANK
   BANCO DO BRAZIL
:50:APPLICANT
   BRAZIL GREEN RIVER INTERNATIONAL TRADING CO., LTD.
   N0.9 AVENIDA PEDRO CALMON, RIO DE JANEIRO, BRAZIL
:59:BENEFICIARY
   CHINA BLUE OCEAN INTERNATIONAL TRADE CO., LTD.
   HAINAN BUILDING, NO.8 GUOXING STREET, MEILAN DISTRICT, HAIKOU, HAINAN
:32B:CURRENCY CODE, AMOUNT
   USD   25000,
:41D:AVAILABLE WITH BY
   ANY BANKS,IN CHINA BY SIGHT PAYMENT
:42C:DRAFTS AT
   SIGHT
:42A:DRAWEE
   BANCO DO BRAZIL
:43P:PARTIAL SHIPMENTS
   ALLOWED
:43T:TRANSHIPMENT
   ALLOWED
:44E: PORT OF LOADING/AIRPORT OF DEPARTURE
   SHANGHAI, CHINA
:44F: PORT OF DISCHARGE/AIRPORT OF DESTINATION
   RIO DE JANEIRO, BRAZIL
:44C:LATEST DATE OF SHIPMENT
   20230531
:45A:DESCRIPTION OF GOODS AND/OR SERVICES
   12010
   CHINESE CERAMIC CUP
   PACKING: 10UNITS/CARTON
   QUANTITY: 25000 UNITS
   PRICE: USD 1
   CIF RIO DE JANEIRO, BRAZIL
:46A:DOCUMENTS REQUIRED
   +SIGNED COMMERCIAL INVOICE IN 1 ORAGINAL(S) AND 3 COPY(COPIES) INDICATING L/C NO. AND CONTRACT NO.CBO230522
   +FULL SET OF CLEAN ON BOARD BILLS OF LADING MADE OUT TO ORDER AND BLANK ENDORSED, MARKED "FREIGHT PREPAID SHOWING FREIGHT AMOUNT" NOTIFYING THE APPLICANT.
   +INSURANCE POLICY/CERTIFICATE IN 1 ORAGINAL(S) AND 3 COPY(COPIES) FOR 130% OF THE INVOICE VALUE SHOWING CLAIMS PAYABLE IN BRAZIL IN CURRENCY OF THE DRAFT, BLANK ENDORSED, COVERING ALL RISKS,WAR RISKS,STRIKES
   +PACKING LIST MEMO IN 1 ORAGINAL(S) AND 3 COPY(COPIES) INDICATING QUANTITY, GROSS AND WEIGHTS OF EACH PACKAGE.
   +CERTIFICATE OF ORIGIN FORM A IN 1 ORAGINAL(S) AND 3 COPY(COPIES)
:47A:ADDITIONAL CONDITIONS
   THIRD PARTY AS SHIPPER IS NOT ACCEPTABLE, SHORT FORM/BLANK BACK B/L IS NOT ACCEPTABLE.
:71B:CHARGES
   ALL BANKING CHARGES OUTSIDE THE OPENING BANK ARE FOR BENEFICIARY'S ACCOUNT.
:48:PERIOD FOR PRESENTATION
   DOCUMENTS MUST BE PRESENTED WITHIN 15 DAYS AFTER DATE OF ISSUANCE OF THE TRANSPORT DOCUMENTS BUT WITHIN THE VALIDITY OF THIS CREDIT.
:49:CONFIRMATION INSTRUCTIONS
   WITHOUT
:57D:ADVISE THROUGH BANK
   BANK OF CHINA
   170 PEOPLE AVENUE, SHANGHAI, CHINA

图 4-7　信用证

项目五 备货

学习目标

知识目标：了解出口备货工作的基本内容和主要要求；知道货物品质的表示方法、计量单位、计重方法和包装的种类；熟知国际标准唛头的构成；知道商业发票和装箱单的作用与主要内容。

技能目标：能够正确根据合同要求完成备货工作；能够掌握货物品质机动幅度、数量机动幅度、不同包装种类的合理使用；能够制作国际标准的运输标志；能够制作商业发票、装箱单等出口单证。

素质目标：培养并践行外贸从业者的法治意识和职业道德；培养认真、细致、严谨、高效的职业素养；培养诚信意识、质量意识、敬业精神、工匠精神、创新思维；培养良好的语言表达和人际沟通能力；遵守国家法律法规，维护国家、企业在对外贸易中的形象和利益；具有深厚的爱国情感和民族自豪感。

任务一 备货的概念及要求

一、理论知识

（一）备货的含义

备货是外贸公司根据出口合同及信用证中有关货物的品种、规格、数量、包装等的具体规定，按时、按质、按量地准备好应交的出口货物，对应交的货物进行清点、加工整理、刷制运输标志并做好申请检验和领证等各项工作。

（二）备货工作的要求

备货在整个贸易流程中，占有举足轻重的地位，须按照合同逐一落实。备货的主要核对内容有如下几点。

（1）货物品质、规格应按合同的要求核实。

（2）货物数量要满足合同或信用证对数量的规定。

（3）货物的包装和唛头必须符合合同或信用证的规定。

（4）备货的时间安排应与合同或信用证规定的交货期限相符，同时结合船期安排，以利于船货衔接。

在出口贸易中，备货就是根据出口合同的规定，按时按质按量准备好应交货物，以保证按时出运，备货工作是履行出口合同的基础。

请注意，在 POCIB 中，出口商发送合同时要求合同金额不能大于当前资金，否则无法发送合同，因此出口商应在进口商确认合同后再进行备货，否则会占用大量资金，不利于资金流转。

二、实训指导 5-1

在 POCIB 系统中由出口商（蓝海公司）备货。进入"城市中心"，点击标志为"国内工厂"的建筑物，在弹出的页面中点击"购买商品"，点击进入商品 12010 瓷杯的详细资料画面，在下方输入交易数量 25000，然后点击"购买"，完成商品订购。等待一段时间后（时间长短依赖于商品日产量），将收到国内工厂发来的货物生产完成的通知，在"我的库存"里可看到商品已在库存列表中（见图 5-1）。

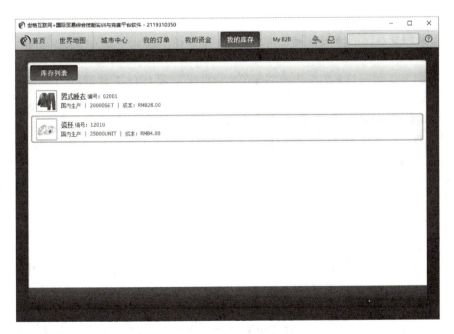

图 5-1 "我的库存"中商品列表

任务二　制作商业发票

一、理论知识

商业发票是出口贸易结算单据中最重要的单据之一,也是出口单据的核心。

(一)商业发票的含义

商业发票(commercial invoice),简称发票(invoice),它是卖方开具给买方,向其说明买卖货物的品名、规格、商标、数量、包装、单价、总额、贸易术语以及某些特别说明,并且凭以向买方收取货款的"总清单"。出口商有时会使用海关发票(customs invoice)、税务发票(tax invoice)、最终发票(final invoice)和领事发票(consular invoice)等来替代商业发票,这是可以接受的,但是临时发票(provisional invoice)、形式发票(proforma invoice)等发票是不可接受的。

发票是出口商申请办理出口证件、出口托运、报关、纳税、收付货款等的凭证,也是进口国确定征收进口关税的依据。发票是全套出口单据的核心,其余单据均需参照商业发票缮制。因此,在制单顺序上,应先缮制商业发票。

(二)商业发票的缮制

商业发票和汇票一样,没有统一的格式,是由出口商自行拟制的,但其基本栏目大致相同。

1. 出票人(Issuer)

本栏填写出口商的英文名称和地址。在信用证支付方式下,应与信用证受益人的名称和地址保持一致。出口商是开立发票给进口商的出票人,也称出单人。除了"Issuer"外,实务中还有使用"Exporter""Shipper""Seller""Shipped by"等名称来表示出票人,其名称与地址通常在发票正上方表示,许多出口商在制作单据时已将该项内容编入程序。

2. 发票抬头人(To)

发票抬头人也称抬头人,有时可用"Messer""Sold to Messer""for Account and Risk of Messer""Consigned to"等表示,通常情况下填写进口商的英文名称和地址。信用证业务中,按照UCP600第18条的规定,如果信用证没有特别规定,商业发票的抬头人应与开证申请人(applicant)或开证人(opener)的名称和地址一致。如信用证无规定,即将信用证的申请人或收货人的名称、地址填入此项。如信用证中无申请人名称,则用汇票付款人名称和地址。在其他支付方式如托收或汇付下,可以按合同规定列入买方的名称和地址。

3. 发票号码（No.）

发票号码由出口商自行编制。作为最基本的商业票据之一,发票号码也往往被作为相应的汇票号码,还有如出口报关单的申报单位编号、托运单的号码、箱单及其他同笔合同项下的单据编号都可用发票号码代替,同时发票内容也是制作其他单据的重要依据,因此发票号码尤其重要。

为了便于查对,一般采用顺序号。例如,某出口公司的商业发票号码的编号为"23HYF0001",其中号码的前两位数字为年份的后两位,第三、四位字母表示该公司名称的缩写,第五位字母表示公司部门的代码,最后四位数字表示发票顺序的号码。这样既有利于按规律统一存档,也便于随时查找。

在POCIB中,该编号由系统自动生成。

4. 发票日期（Date）

在全套单据中,发票是签发日期最早的单据,它只要不早于合同的签订日期、不迟于提单的签发日期即可。信用证业务中,发票的出票日期一般规定在信用证开证日期之后、信用证装运日期之前。UCP600第14条第i款规定,如果信用证没有特别规定,银行可以接受签发日期早于开证日期的发票。但通常有很多信用证明确规定:"Any documents prior to the date of issuance of this Letter of Credit are not acceptable"（任何早于信用证开立日期的单据不可接受）。尤其要注意,不应使发票签发日期迟于提单的签发日期,也不应晚于信用证规定的交单到期日（expiry date for presenting documents）。

5. 运输说明（Transport Details）

填写运输工具或运输方式、运输航线要按货物运输实际的起讫地点填写。如果货物需要转运,转运地点也应明确地表示出来。例如:货物采用海运方式于2023年7月1日从上海至利物浦。这一栏目填写:From Shanghai to Liverpool on July 1, 2023 by vessel.

6. 合同号（S/C No.）

发票的出具都有买卖合同作为依据,但买卖合同不都以"S/C（Sales Confirmation/Contract）"为名称。有时出现"Order""P. O.（Purchase Order）""Contract"等。因此,当合同的名称不是"S/C"时,应将本项的名称修改后,再填写该合同的号码。

7. 信用证号码（L/C No.）

信用证业务中此栏填写信用证号码,非信用证业务中此栏则空白或删去。

8. 支付条款（Term of Payment）

填写合同支付方式和期限,格式为:"支付方式＋期限"。如,T/T 30% in advance and 70% within 30 days after shipment date;L/C at sight;D/P at sight;D/A at 30 days after sight,等等。

9. 唛头（Marks and Numbers）

唛头即运输标志（shipping marks）,在各种国际贸易单据上往往写作"Marks and Numbers"或"Marks & Nos.",通常情况下只需填写唛头或与唛头有关的内容。凡信用证中列有关于唛头的规定,就必须依照规定制唛,并应与提单、托运单据保持严格一致。唛头一般由收货人、有关参考号码、目的地以及件号和件数组成。例如,信用证规定唛头是"CH CO./17HYF0001/Liverpool/NO. 1-88",则应在发票栏打印:

CH CO.

17HYF0001

Liverpool

NO. 1-88

如果信用证中未规定唛头,则出口商可自行设计唛头;如果无唛头,则填写"N/M"或"No Mark"。如为裸装货,则注明"NAKED"或散装"In Bulk"。

10. 货物的描述（Description of Goods）

货物描述一般包括货物的名称、品质、规格、包装、款式、搭配等内容。信用证支付方式下,这一栏目的内容应与信用证有关内容严格一致,即与信用证条款"45A"项下内容严格一致。商品名称必须按照信用证原词填写,不得使用统称,除非信用证另有规定。如果货物有不同规格,或者各种规格的价格不同,则各种规格的数量、重量应分别列出,货物以包装单位计价时,要表示货物包装单位的数量或件数。UCP600 第 18 条 c 款规定:"商业发票中的货物、服务或履约行为的描述必须符合信用证中的描述。"而在所有其他单据中,货物的描述可使用统称,但不得与信用证中货物的描述有抵触。当不使用信用证支付货款时,合同有关货物内容的条款应如实地反映在发票的这一栏目中。

在 POCIB 中,商业发票的货物描述应与合同中的品名条款相一致。此处填写商品中"英文名称＋英文描述"两部分。可在"城市中心"中的"国内工厂"里的商品详细资料中查看相关信息。

11. 数量（Quantity）

货物的销售数量,与计量单位连用,如:500 PCS(注意单位的单复数)。注意该数量和计量单位既要与实际装运货物情况一致,又要与信用证要求一致。

12. 单价（Unit Price）

单价包括四个部分:计价货币、单价金额、计量单位和贸易术语。如果信用证有规定,应与信用证保持一致;若信用证没有规定,则应与合同保持一致。其中贸易术语填于上方空白栏中,填写格式为:"贸易术语＋港口名,国家",如"FOB Shanghai, China"。

13. 金额小计（Amount）

列明币种和各项商品总金额,是发票上列明的单价与数量的乘积(金额小计＝单价×数量)。如果合同中包含佣金,而信用证未加规定,实际上其总金额中已扣除了佣金,则发票应反映扣除佣金的全过程,即同时表示出含佣价、佣金和净价;但如果信用证金额内未扣除佣金,而且证内也未提及佣金事宜,则发票不宜显示佣金事项,而应待货款收回后另行汇给买方。另外,在 CFR 和 CIF 价格条件下,佣金一般应按扣除运费和保险费之后的 FOB 价计算。

14. 总计（Total）

货物总计,分别填入所有货物累计的总数量和总金额(包括相应的计量单位与币种)。

15. 总金额大写（Say Total）

总金额用文字大写(amount in words)来书写,要求顶格,不留任何空隙,且须与小写的货物总金额一致。

在 POCIB 中,大写金额必须与合同完全一致,建议复制合同中"Say Total"栏目的内容。

16. 特殊条款（Special Terms）

在相当多的信用证中,除了要求一般的发票内容外,还要求在发票中证明某些事项的条款。在缮制发票时,可将上述内容打在发票的商品描述栏内或者发票下面空白处。在实际业务中,常见的要求有:列明货物的 FOB 金额、运费以及保险费,注明货物的原产地是中国以及要求提供"证实发票"等。例如信用证中规定：COMMERCIAL INVOICE IN 5 FOLD, ALL DULY SIGNED AND CERTIFYING THAT THE GOODS ARE OF CHINESE ORIGIN.（商业发票一式 5 份，签署并证明商品系中国生产。）这样，商业发票上就必须有以下文字：WE HEREBY CERTIFY THAT THE ABOVE MENTIONED GOODS ARE OF CHINESE ORIGIN.

17. 签名（Signature）

根据 UCP600 第 18 条的规定，商业发票无须签署，但如果信用证要求提交签署的发票"COMMERCIAL INVOICE IN 5 FOLD, ALL DULY SIGNED"或手签的发票"MANUALLY SIGNED"，则发票必须签署，且后者还必须由发票授权签字人手签。我国出口企业一般手签或手签并盖章。

二、实训指导 5-2

出口商（蓝海公司）填写商业发票。在单据中心添加"商业发票"，样本和填写说明如下。

（1）出口商进入"我的订单"的"业务履约"页面，选择进入相应的业务条目。

（2）点击"单据中心"，添加"商业发票"并填写（见图 5-2）。

ISSUER China Blue Ocean International Trade Co., Ltd. Hainan Building, No.8 Guoxing Street, Meilan District, Haikou, Hainan			**商业发票** **COMMERCIAL INVOICE**		
TO Brazil Green River International Trading Co., Ltd. N0.9 Avenida Pedro Calmon, Rio de Janeiro, Brazil			**NO.** IV0000123	**DATE** 2023-05-25	
TRANSPORT DETAILS From Shanghai, China to Rio De Janeiro, Brazil on May 31, 2023 by vessel.			**S/C NO.** CB0230522	**L/C NO.** 002/0000058	
			TERMS OF PAYMENT L/C at sight		
Choice	**Marks and Numbers**	**Description of goods**	**Quantity**	**Unit Price**	**Amount**
				[CIF Rio De Janeiro, Brazil]	
○	BGR CB0230522 RIO DE JANEIRO C/NO. 1-2500	CHINESE CERAMIC CUP PACKING: 10UNITS/CARTON	25000 UNITS	USD 1	USD 25000

[添 加][修 改][删 除]

Total: [25000][UNITS] [USD][25000]

SAY TOTAL: US DOLLARS TWENTY FIVE THOUSAND ONLY

图 5-2 商业发票

任务三　制作装箱单

一、理论知识

（一）装箱单的含义

装箱单（packing list）是指在国际贸易和物流中用于货物装箱和运输过程中的一种详细的货物清单，通常由货主或供应商提供。它包含有关每个包装或箱子中所装货物的详细信息，如货物的品名、数量、重量、尺寸和包装方式等。装箱单一般都会被用作商业发票的补充单据，便于买方对进口商品的包装和数量的了解，同时也便于进口商所在国的海关在货物到港的时候对货物进行检查与核对。

装箱单属于包装单据的一种，类似的单据还有重量单（weight list）、尺码单（measurement list）等，其中重量单是用来列明每件货物的毛、净重及整批货物总重量的情况；尺码单用于列明每件货物的尺码和货物总尺码。这三种单据都是商业发票的补充单据，主要功能是方便货物的装卸、运输和销售。出口商应根据进口商要求及不同商品的特点提供适当的包装单据，应以既符合信用证的规定，可以为银行所接受，又满足客户的要求为原则。

（二）装箱单的缮制

和商业发票、汇票一样，装箱单并无固定的格式和内容，是由出口商自行制作的，但其基本栏目内容大致相同。

1. 出单人（Issuer）

与商业发票的出票人相同，此栏填写出口商的名称与地址。在信用证支付方式下，此栏应与信用证受益人的名称和地址一致。

2. 受单方（To）

此栏通常填写进口商的名称和地址，与商业发票的受票人相同。信用证业务中，应与信用证开证申请人的名称和地址保持一致。在某些情况下也可不填，或填写"To whom it may concern"（致有关人）。

3. 装箱单号

装箱单号一般由出口商自行编制。装箱单主要对商业发票起补充说明作用，因此为与发票保持一致，出口商往往把商业发票号码作为装箱单号，即在此栏中一般只需填写商业发票号码。

在POCIB中，为了和商业发票区分开，系统自动生成装箱单号码，在表头上方显示。

4. 发票号（Invoice No.）

此栏填写商业发票号码。

5. 日期（Date）

装箱单的缮制日期，往往与发票日期一致，在信用证业务中不能迟于信用证的有效期及提单日期。

6. 唛头（Marks and Numbers）

与商业发票一致，可以从发票中直接复制，有时也可以注明"As per Invoice No. . . . "。

7. 货物描述（Description of Goods）

要求与商业发票该栏内容一致。货名如有总称，应先注总称，然后逐项列明详细的货名、规格、品种等内容。

8. 包装件数（Package）

在单位包装货量或品质不固定时，应分别填写每种货物的包装件数并注明编号，最后在合计栏处注明包装总件数。如 Carton No. 1—6 装何种货物，Carton No. 7—10 装何种货物等。

在 POCIB 中，合同中的数量一般为销售数量，外包装件数则需通过计算得出，须分别填入数量与单位。

9. 毛重（G.W.）

毛重（gross weight，G.W.），注明每个包装件的毛重和此包装件内不同规格、品种、花色的货物各自的总毛重，最后在合计栏处注明总毛重。若信用证或合同未要求时，则不注明亦可。如：2588.36 KGS（小于或等于 1 千克的填单数"KG"）。

10. 净重（N.W.）

净重（net weight，N.W.），注明每个包装件的净重和此包装件内不同规格、品种、花色的货物各自的总净重，最后在合计栏处注明总净重。若信用证或合同未要求时，则不注明亦可。如：760 KGS（小于或等于 1 千克的填单数"KG"）。

11. 外箱尺码（Meas.）

外箱尺码（measurement，Meas.），应注明每个包装件的体积，最后在合计栏处注明总体积。若信用证或合同未要求时，则不注明亦可。如：1623.548 CBM。

在 POCIB 中，本栏须分别填入包装数量与单位，计算方法为：总销售数量/单位包装数后进位取整。

例如：105 件 02001 男式睡衣，每箱 20 件，箱数为 $105 \div 20 = 5.25$，进位取整得 6。

12. 总计（Total）

货物总计，分别填入所有货物累计的总包装数、总毛重、总净重和总体积，包括相应的计量单位。

13. 包装总数大写（Say Total）

以大写文字写明总包装数量，必须与数字表示的包装数量一致。例如：FOUR THOUSAND FOUR HUNDRED CARTONS ONLY.

14. 签名（Signature）

与商业发票相同，装箱单一般无须签署，只要出口公司盖章即可。如信用证规定须签字，装箱单应由出口公司的法人代表或经办制单员代表公司在装箱单右下方签名并盖章；如信用证规定包装单为"In Plain"或"In White Paper",则在包装单内不应出现买卖双方的名称,也不能签章。

二、实训指导 5-3

出口商(蓝海公司)填写装箱单。在单据中心添加"装箱单"。

(1)出口商进入"我的订单"的"业务履约"页面,选择进入相应的业务条目。
(2)点击"单据中心",添加"装箱单"并填写(见图 5-3)。

ISSUER China Blue Ocean International Trade Co., Ltd. Hainan Building, No.8 Guoxing Street, Meilan District, Haikou, Hainan			PL0000122	装箱单 PACKING LIST		
TO Brazil Green River International Trading Co., Ltd. N0.9 Avenida Pedro Calmon, Rio de Janeiro, Brazil			INVOICE NO.		DATE	
			IV0000123		2023-05-25	
Choice	Marks and Numbers	Description of goods	Package	G.W	N.W	Meas.
○	BGR CBO230522 RIO DE JANEIRO C/NO. 1-2500	CHINESE CERAMIC CUP PACKING: 10UNITS/CARTON	2500 CARTONS	10000 KGS	7500 KGS	69.5 CBM
		Total:	[2500] [CARTONS]	[10000] [KGS]	[7500] [KGS]	[69.5] [CBM]
SAY TOTAL:	TWO THOUSAND FIVE HUNDRED CARTONS ONLY					

图 5-3 装箱单

项目六　订舱与投保

学习目标

知识目标：了解国际主要货物运输方式及其特点；理解订舱和托运的基本概念和运作流程；知道国际海运托运委托书和国际空运托运委托书作用与主要内容；了解国际货运保险的含义及其当事人；熟知中国保险条款和伦敦协会货物险条款规定的海运与空运保险险别。

技能目标：能够根据业务实际情况合理选择货物运输方式；能够办理进出口货物的订舱与托运工作；能正确填写海运和空运托运委托书；能正确填写货物运输险投保单；能够及时为货物投保合适的险别。

素质目标：培养并践行外贸从业者的法治意识和职业道德；培养认真、细致、严谨、高效的职业素养；培养诚信意识和敬业精神；培养良好的语言表达和人际沟通能力；遵守国家贸易法律法规和国际贸易规则；培育并践行社会主义核心价值观。

任务一　海运订舱托运

一、理论知识

(一) 订舱与托运的基本概念

在国际贸易中，买卖双方分隔两地，甚至远隔重洋，双方成交的货物一般都需要经过长途运输才能从卖方所在地抵达买方所在地。在国际货物运输中，涉及的运输方式种类很多，其中包括海洋运输、铁路运输、公路运输、航空运输、邮政运输、江河运输、管道运输以及由各种运输方式组合而成的国际多式联运。在一笔进出口业务中采用何种运输方式，应由买卖双方在磋商交易时做出具体约定，做到既能节省运输成本，又能提高运输时效，还能保证运输安全。

在不同的运输方式下出口商办理国际货物运输,首先需要办理托运手续,也就是托运人需要向承运人预订舱位。国际货物托运指的是托运人(通常是出口商)委托具有托运资质的公司将货物运输到指定地点,交给指定收货人的服务。根据托运方式不同,可分为海运托运、陆路托运、空运托运等。

托运单(shipping note,S/N,或booking note,B/N)又称"订舱委托书",俗称"下货纸",是指由托运人根据进出口合同和信用证的有关内容向承运人或其代理人办理货物运输的书面凭证,是后续制作提单的主要背景材料。

在国际货物运输中,既可以由出口商填写"托运单"直接向承运人办理托运手续,也可以由出口商委托货运代理人(简称货代)填写"托运单"向承运人间接办理托运。由于货运代理人具有丰富的运输经验,与各承运人之间保持良好关系,因此出口商办理货物托运通常是委托给货运代理人来完成。此时,出口商不需自己填写"托运单",而是填写"国际货运委托书",连同商业发票和装箱单交给货代办理托运(或称订舱)手续。国际货物运输的主要单据见表6-1。

表6-1 国际货物运输的主要单据

国际运输流程	主要单据	出单机构	单据作用
托运	国际货运委托书(各种运输方式下名称不同)	出口商	交给货运代理人间接办理订舱
	托运单	出口商/货运代理人	交给运输公司直接办理订舱
装运后	提单、海运单、空运单、铁路运单、邮政运单或投邮证明、多式联运单据	运输公司/货运代理人	不同运输方式下出口商获得相应的运输单据,作为交单议付必备单据
卸货	到货通知书、提货单	运输公司/货运代理人	进口商凭以提货使用

海洋运输不受道路和轨道的限制,通过能力很大,万吨以上甚至数十万吨的巨轮都可以在海洋中航行。由于海洋运输的运量很大,且运输成本较低,许多国家特别是沿海国家货物的进出口,大部分都采用海洋运输方式。在国际贸易总量中,通过海洋运输的货物占80%以上。因此,海洋运输是国际贸易中最主要的运输方式。

(二) 国际海运委托书的缮制

在海运方式下,如货物的数量较大,可以租用整只船甚至多只船来装运,这就是"租船(charter)";如果货物量不大,则可以租赁部分舱位来装运,这就是"订舱(book shipping space)"。订舱通常是班轮订舱,是货物托运人(shipper)或其代理人根据其具体需要,选定适当的船舶向承运人(通常为班轮公司)以口头或函电进行预约洽订舱位装货、申请运输,承运人对这种申请给予承诺的行为。

在CIF/CIP或CFR/CPT条件下,订舱是卖方的主要职责之一;在FOB/FCA条件下,订舱则由买方负责,当然买方也可委托卖方进行此项工作。

在 POCIB 中,在 CIF/CIP 和 CFR/CPT 方式下订舱由出口商负责,在 FOB/FCA 方式下,则须进口商先指定外运公司,而订舱的工作仍委托出口商进行。

国际海运货物委托书(见图 6-1),其填制要求如下。

图 6-1　国际海运货物委托书

1. 发货人、地址和电话

发货人,即托运人,指的是运输单据里"Shipper"或"Consignor"一栏,是指需要出口商品的一方,即卖方。在信用证业务中,一般应该严格按照信用证中的"Beneficiary(受益人)"的名称和地址来填写。

在 POCIB 中,该栏目应填出口商的英文名称、地址和电话,具体信息可在公司基本资料中查找。

2. 日期

此单据的填写日期,例如:2023-05-26。在POCIB中,此日期必须在合同日期之后,并且为日期格式。

3. 收货人、地址、电话

即运输单据的抬头人(Consignee),要严格按信用证中提单条款的具体规定填写。将来船公司签发的提单上的相应栏目的填写会参照海运委托书的写法。

(1)记名抬头:直接填写收货人即进口商名称。

(2)指示抬头:完全按照来证提单条款填写,如 To Order,To Order of Shipper,To Order of the Collecting Bank 等。

在POCIB中,信用证方式下收货人填写 To Order 地址、电话无须填写;其他方式下,收货人填写"To Order"或"To Order of...",地址、电话无须填写;也可填写进口商名称,则地址、电话必须填写正确,进口商的英文名称、地址、电话等具体信息可在公司基本资料中查找。

4. 通知人名称、地址、电话

填写信用证规定的提单通知人(Notify)名称及地址,通常为进口商。在POCIB中,填进口商的英文名称、地址、电话,相关具体信息可在公司基本资料中查找。

5. 装运港

合同中规定的出口港(Port of Loading),例如 Shanghai, China。在POCIB中,装运港须根据合同规定填写,与合同"Port of Shipment"完全一致,格式为"港口名+国家"。

6. 目的港

合同规定的进口港(Port of Destination),如 Liverpool, UK。在POCIB中,目的港须根据合同规定填写,与合同"Port of Destination"完全一致,格式为"港口名+国家"。

7. 船名

填写具体的装载船舶的名称。在POCIB中,此栏不用填,订舱后会自动生成船名。

8. 货物名称及描述

根据合同要求填写货物英文名称和英文描述。在POCIB中,此处的填写方法为:商品英文名称+英文描述,英文名称和英文描述可在"城市中心"的工厂或者市场里查找商品基本资料。

9. 唛头

如实将合同或信用证或买方规定的唛头的相关内容完整地填写上去;如果没有唛头,简单注明 N/M(No Marks)。在POCIB中,此处应复制合同或信用证中的唛头。

10. 件数及单位

此栏中的件数为商品的包装数量,即我们通常说的箱数,不是合同中的销售数量。比如:出售120件羊毛衫,每箱10件,有12箱,这里的12就是件数。

在POCIB中,件数计算方法是:合同中的销售数量÷每包装内商品数量,计算结果如果是小数,则进一位取整。其中,每包装内商品数量可在"城市中心"的工厂或市场里的商品基本资料中查找。件数单位可复制商品基本资料里的"包装单位"。

11. 毛重及单位

毛重是指产品的重量和包装该产品所需的包装用品的重量之和。此栏填写出运产品的总毛重。在POCIB中,总毛重计算方法可查看"城市中心"的工厂网站中"商品相关计算方法"。

注意与净重一样,如果装箱单填写正确,此处可直接参考装箱单。

12．净重及单位

净重是单指产品的重量,即毛重去掉包装重量。此栏填写出运产品的总净重。在POCIB中,总净重计算方法可查看"城市中心"的工厂网站中"商品相关计算方法"。

13．体积及单位

体积是指出运产品的总体积。在POCIB中,体积的计算方法为:每包装单位体积×件数。其中,每包装单位体积可在"城市中心"的工厂或者市场里的商品基本资料中查找。

14．合计件数、合计毛重、合计净重、合计体积

可根据装箱单填写。

15．柜型选择和数量

此栏有拼箱和货柜两种类型可选,具体选择哪个按照货物具体情况来定。在POCIB中,箱型和数量已经在合同中确定,所以必须与合同一致,否则此单据将无法通过。

16．运费金额、预付与到付

运费金额无须自己填写,待订舱后自动生成。CIF、CFR、CIP、CPT方式下选"预付",FOB、FCA方式下选"到付"。

17．发票、装箱单号

在单据中心里单据名称下方分别查找商业发票和装箱单号。如果当时还未添加这两张单据,应待添加后再进行补充。

18．委托人名称地址、签名

填写委托人(即出口商)公司英文名称和英文地址;签名为委托人法人英文名称。具体英文名称和地址可在公司基本资料里查找。

二、实训指导6-1

案例中交易的商品适用的运输方式为海运,且合同采用的贸易术语为CIF,因此该案例应由出口商办理货物托运和订舱手续,填写国际海运委托书。若合同采用的贸易术语为FOB,则需要先由进口商指定外运公司后,再由出口商办理订舱手续。

(1) 进口商指定外运公司。进入"我的订单"的"业务履约"页面中该笔业务的条目,在"业务联系"中点"写消息",发送指定运输公司的邮件给出口商(标题内容自定,选择业务种类为"指定运输公司")。

(2) 出口商(蓝海公司)填写国际海运委托书。在单据中心添加"国际海运委托书"并填写,如图6-1所示。

(3) 出口商(蓝海公司)订舱。相关单据填写完成后,在"城市中心"里点击"国际货运有限公司"(海运部),在弹出的页面点"订舱",选择合同为该笔合同,添加单据(国际海运委托书、商业发票、装箱单),然后点击"办理",完成订舱申请。等待一段时间后,将收到国际货运有限公司发来的已成功订舱通知,在单据中心里可看到货运公司签发的"配舱回单"(见图6-2)。

国际货运代理有限公司
INTERNATIONAL TRANSPORT CO., LTD

To: China Blue Ocean International Trade Co., Ltd.
Date: 2023-05-29
Port of Discharge(目的港): Rio De Janeiro, Brazil
Country of Discharge(目的国): Brazil
Container(集装箱种类): 40' HQ X 1
Ocean Vessel(船名): TBA
Voy.No.(航次): 011W
Place of Delivery(货物存放地): SHANGHAI, CHINA CY

图 6-2 配舱回单

任务二 空运订舱托运

一、理论知识

(一) 国际航空货运出口业务

国际航空货运出口业务流程指的是从托运人发货到承运人把货物装上飞机的物流、信息流的实现和控制管理的全过程。

航空货运出口业务流程从流程的环节来说主要包含两大部分：航空货物出口运输代理业务流程和航空公司出港货物的操作流程。前者的主体是航空货运代理人，后者的主体是航空公司。

航空货物出口运输代理业务流程主要包括以下20个环节：市场销售→委托运输→审核单证→预配舱→预订舱→接单→制单→接货→标签→配舱→订舱→出口报关→出仓单→提板箱→货物装箱装板→签单→交接发运→航班跟踪→信息服务→费用结算。

航空公司代理公司与出口单位(发货人)就出口货物运输事宜达成意向后，可以向发货人提供所代理的有关航空公司的"国际货物托运书"。对于长期出口或出口货量大的单位，航空货运代理公司一般都与之签订长期的代理协议。发货人发货时，首先需填写委托书，并加盖公章，作为货主委托代理承办航空货物出口货运的依据。航空货运代理公司根据委托书要求办理出口手续，并据以结算费用。因此，"国际货物托运书"是一份重要的法律文件。

根据《华沙公约》第5条第(1)和第(5)款规定，"货运单应由托运人填写，也可由承运人或其代理人代为填写"。实际上，目前货运单均由承运人或其代理人代为填写。为此，作为填开货运单的依据——托运书(shipper's letter of instruction)，应由托运人自己填写，而且托运人必须在上面签字或盖章。

托运书是托运人用于委托承运人或其代理人填开航空货运单的一种表单，表单上列有填制货运单所需的各项内容，并应印有授权于承运人或其代理人代其在货运单上签字的文字说明。

（二）国际空运货物委托书的缮制

国际空运货物委托书的样本如图6-3所示，填制要求如下。

图6-3 国际空运货物委托书

1. 发货人、地址和电话

发货人，即托运人，是指出口商品的一方，即卖方或出口商。在POCIB中，填出口商的英文名称、地址和电话，相关信息可在公司基本资料中查找。

2. 日期

此单据的填写日期。在POCIB中，此日期必须在合同日期之后，并且为日期格式。例如,2023-05-26。

3. 收货人、地址、电话

收货人是指要进口商品的一方,即买方。因为航空货运单不能转让,所以在本栏中不能填写"To Order"或"To Order of the Shipper";收货人可以是实际收货人,也可以是货运代理人;另外,承运人一般不接受一票货物有两个或两个以上收货人。

在POCIB中,此栏应填进口商的英文名称、地址、电话,如果进口商发布过公司广告或产品信息,可在"My B2B"中找到该公司的基本资料,也可以通过邮件询问对方。

4. 通知人名称、地址、电话

填写信用证规定的提单通知人名称及地址,通常为买方或进口商。

在POCIB中,填进口商的英文名称、地址、电话,进口商英文名称、地址可在合同的"Messrs"栏目中找到,电话可在"My B2B"所有公司中查询,或者发邮件询问对方。

5. 航班日期

预计航班日期,此处必须在合同日期之后,并且为日期格式。例如:2023-05-29。

6. 运费金额、预付与到付

运费金额无须自己填写,待订舱后会自动生成。

CIF、CFR、CIP、CPT方式下选"预付"(Prepaid),FOB、FCA方式下选"到付"(Collect)。

7. 始发站

填写始发站机场(airport of departure)的全称或城市名称,对于不同国家的同名城市,还须填写国家名称,若同一城市有若干个机场,需要填写具体的机场名称。

在POCIB中,装运港须根据合同规定填写,与合同"Port of Shipment"完全一致,格式为:"港口名+国家",例如:SHANGHAI, CHINA。

8. 到达站

填写到达机场(Airport of Destination)的名称,用英文全称,不得简写。在POCIB中,目的港须根据合同规定填写,与合同"Port of Destination"完全一致,格式为:"港口名+国家",例如:HAMBURG, GERMANY。

9. 货物名称及描述

根据合同要求填写货物英文名称和英文描述。在POCIB中,此处的填写方法为"商品英文名称+英文描述",英文名称和英文描述可在"城市中心"的工厂或者市场里的商品基本资料中查找。

10. 唛头

与信用证或合同相关内容一致。在POCIB中,此处应复制合同里的唛头(Shipping Mark)栏目。

11. 件数及单位

此栏中的件数为商品的包装数量,即我们通常说的箱数,不是合同中的销售数量。比如:出售120件羊毛衫,每箱10件,有12箱,这里的12就是件数。

在POCIB中,件数计算方法是:合同中的销售数量÷每包装内商品数量,计算结果如果是小数,进一位取整。其中,每包装内商品数量请在"城市中心"的工厂或者市场里的商品基本资料中查找。件数单位可复制商品基本资料里的"包装单位",如:500 CARTONS(注意单位的单复数)。

12. 毛重及单位

毛重是指产品的重量和包装该产品所需的包装用品的重量之和。此栏为出运产品的总毛重。在 POCIB 中,总毛重计算方法可查看国内工厂网站中"商品相关计算方法"。如果装箱单填写正确,此处可直接参考装箱单。如:760 KGS(小于或等于 1 千克的填单数"KG")。

13. 净重及单位

净重是单指产品的重量,即毛重去掉包装重量。此栏为出运产品的总净重。在 POCIB 中,总净重计算方法可查看国内工厂网站中"商品相关计算方法"。如果装箱单填写正确,此处可直接参考装箱单,如:730 KGS(小于或等于 1 千克的填单数"KG")。

14. 体积及单位

体积是指出运产品的总体积。在 POCIB 中,体积的计算方法为:每包装单位体积×件数。其中,每包装单位体积可在"城市中心"的工厂或者国内市场里的商品基本资料中查找。

15. 合计件数、合计毛重、合计净重、合计体积

可根据装箱单填写。

16. 委托人名称地址、签名

填写委托人(出口商)公司英文名称和英文地址,签名为委托人法人英文名字。具体英文名称和地址可在公司基本资料里查找。

二、实训指导 6-2

若进出口双方交易的商品适用空运的运输方式,合同采用的贸易术语须在 FCA、CPT、CIP 中选择,并按照如下步骤办理空运订舱手续。

(1) 出口商填写国际空运委托书。在单据中心添加"国际空运委托书"(见图 6-3)并填写。

(2) 出口商订舱。相关单据填写完成后,在"My City"(城市中心)里点击"国际货运有限公司(空运部)",在弹出画面点击"订舱",选择合同为该笔合同,添加单据(国际空运委托书、商业发票、装箱单),然后点击"办理",完成订舱申请。等待一段时间后,将收到国际货运有限公司发来的已成功订舱通知,在单据中心里可看到货运公司签发的"进仓通知单"。

任务三　装运通知

一、理论知识

(一) 装运通知的含义与作用

装运通知(shipping advice)也可称装船通知,是出口商在货物装船后发给进口方的包括货物详细装运情况的通知。装运通知的作用在于让进口商做好筹措资金、付款和接货的准

备,如成交条件为FOB/FCA、CFR/CPT等还需要向进口国保险公司发出该通知以便其为进口商办理货物保险手续。

在装运货物后,按照国际贸易的习惯做法,发货人应立即(一般在装船后3天内)发送装运通知给买方或其指定的人,从而方便买方办理保险和安排接货等事宜。如卖方未及时发送上述装船通知给买方而使其不能及时办理保险或接货,卖方就应负责赔偿买方由此而引起的一切损害和损失。

(二) 装运通知的主要内容与写作

装船通知一般以英文制作,无统一格式,内容一定要符合信用证的规定。其主要内容通常包括货名、装运数量、船名、装船日期、合同或信用证号码等。

1. 单据名称

主要体现为:shipping/shipment advice,advice of shipment等,也有人将其称为shipping statement/declaration,如信用证有具体要求,从其规定。

2. 通知对象

应按信用证规定,具体讲可以是开证申请人、申请人的指定人或保险公司等。

3. 通知内容

主要包括所发运货物的合同号或信用证号、品名、数量、金额、运输工具名称、开航日期、启运地和目的地、提运单号码、运输标志等,并且与其他相关单据保持一致,如信用证提出具体项目要求,应严格按规定出单。此外通知中还可能出现包装说明、ETD(船舶预离港时间)、ETA(船舶预抵港时间)、ETC(预计开始装船时间)等内容。

4. 制作和发出日期

日期不能超过信用证约定的时间,常见的有以小时为准(within 24/48 hours)和以天(within 2 days after shipment date)为准两种情形,信用证没有规定时应在装船后立即发出,如信用证规定"immediately after shipment"(装船后立即通知),应掌握在装船后3天之内。

5. 签署

一般可以不签署,如信用证要求"certified copy of shipping advice",通常加盖受益人条形章。

(三) 装运通知的注意事项

(1) CFR/CPT交易条件下拍发装运通知的必要性。因货物运输和保险分别由不同的当事人操作,所以受益人有义务向申请人对货物装运情况给予及时、充分的通知,以便进口商办理保险,否则如漏发通知,则货物装上船后的风险仍由受益人承担。

(2) 通知应按规定的方式、时间、内容、份数发出。

(3) 几个近似概念的区别。shipping advice(装运通知)是由出口商(受益人)发给进口商(申请人)的;shipping instructions意思是"装运须知"或"装船指示",一般是按FOB/FCA等由买方负责租船订舱、办理运输时,由进口商发给出口商的,让其准备于何时何地装何船的指示;shipping note/ bill指装货通知单/船货清单;shipping order简称S/O,含义是装货单/关单/下货纸(是海关放行和命令船方将单据上载明的货物装船的文件)。

（四） 装运通知范文

May 15，2023

Brazil Green River International Trading Co.，Ltd.

NO.9 Avenida Pedro Calmon，Rio de Janeiro，Brazil

Re：L/C NO. 002/0000058

Dear Marisa：

We here by inform you that the goods under the above mentioned L/C have been shipped. The details of the shipment are as follows.

Product No. ：12010

Product：CHINESE CERAMIC CUP

Description：PACKING：10 UNITS/CARTON

Quantity：250000 UNITS

Amount：USD 250000

Payment：By L/C at sight

Packing：IN CARTONS OF TEN UNITS EACH

Shipping Mark：

BGR

CBO230522

RIO DE JANEIRO

C/NO. 1-2500

Port of Shipment：Shanghai，China

Port of Destination：Rio De Janeiro，Brazil

Date of Shipment：May 29，2023

Vessel's Name and Voyage No.：TBA 011W

B/L NO：COBL0000182

ETD(Expected Time of Delivery)：May 30，2023

ETA(Estimated Time of Arrival)：June 15，2023

Yours truly，

Eric Wang

China Blue Ocean International Trade Co.，Ltd.

二、实训指导6-3

1. 出口商通知装运

在POCIB中，装运通知的发送和发送磋商邮件一样，是通过邮件系统进行的。通常出口商在货物报关并自动出运后，就应及时向进口商发送此通知，具体方法如下。

（1）出口商打开"My Business"（我的订单），在"业务履约"页面，选择进入相应的业务条目。

（2）在弹出的业务详细资料画面中，点击"业务联系"。

（3）点击"写消息"按钮，输入消息标题，选择业务种类为"通知装运"，并撰写通知的内容（通常包括船名、航次、预计开船日期、预计到达日期等内容）。

（4）点击"发送消息"。进口商登录后，可通过消息系统提醒收到该装运通知。

2. 出口商支付运费

由于该笔业务采用的是CIF术语，由出口商（蓝海公司）支付海运运费。在货物出运后，出口商即可支付运费。出口商（蓝海公司）在单据中心添加"境内汇款申请书"并填写。填写样本如图6-4所示。

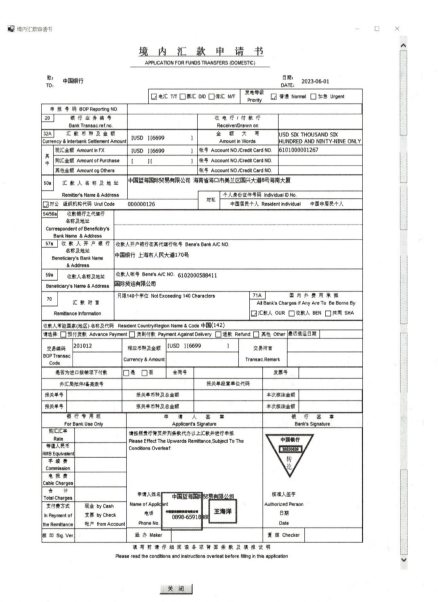

图6-4 境内汇款申请书

填写完单据后，出口商（蓝海公司）在"城市中心"里点击"银行"，在弹出画面点击"支付运费"，选择合同为该笔合同，添加单据（境内汇款申请书、国际货物运输代理业专用发票），然后点击"办理"，完成运费支付。

任务四　投　　保

一、理论知识

国际贸易中的货物一般都需经过长途运输，在整个运输过程中可能会遇到自然灾害或意外事故而使货物遭受损失。为了更好地将不可预知的风险转移给保险公司，使贸易得以顺利进行，货物装运前宜办理货运保险。

由于国际贸易中的货物可采取的运输方式有很多，如海洋运输、铁路运输、航空运输、公路运输和邮政运输等，国际货物运输保险也相应地分为海运货物保险、陆路运输货物保险、航空运输货物保险和邮包运输保险。

（一）货物运输保险概述

1．含义

国际货物运输保险是指被保险人（卖方或买方）对一批或若干批货物向保险公司按照一定金额投保一定险别并交纳保险费，保险公司承保后，如果所保货物在运输途中发生承保范围内的损失，保险公司按保单的规定给予被保险人经济上的补偿。

货物在运输过程中可能遭受的风险和损失是多种多样的，为了明确责任，保险公司在其保险险别条款中，对不同险别所承保的风险和损失都做了规定。

2．保险的当事人

1）保险人（insurer）

保险人，又称保险公司（insurance companies）或保险业者（underwriter），是指从事货物保险行业的公司。保险人负责提供保险合同，承诺在事故发生时，依约负担赔偿。保险人在保险合同成立时有权收取保险费。在 CIF 或 CIP 等贸易术语下，投保人为出口商；在 FOB 或 FCA 等贸易术语下，投保人则为进口商，在实务中进口商往往会委托出口商代为投保。

2）投保人（applicant）

投保人是指对保险标的物具有保险利益，向保险人申请订立保险合同的人。投保人在保险合同成立时有支付保险费的义务，区别于信用证中的 applicant。

3）被保险人（insured）

被保险人是指在保险事故发生时，对所遭受的损害，享有赔偿请求权的人。被保险人与投保人可以是同一人。

4) 受益人(beneficiary/the insured)

受益人是指投保人或被保险人所约定享有赔偿请求权的人,亦即保险金的领受人,区别与信用证中的 beneficiary。被保险人和投保人均可为受益人。

3．保险单据的种类

1) 保险单(insurance policy)

保险单又称大保单,背面有保险公司印就的明确规定保险人与被保险人双方权利和义务的保险条款。保险单是投保人和保险人之间订立正式保险合同的书面凭证。

2) 保险凭证(insurance certificate)

保险凭证又称小保单或简式保单,背面没有保险条款,但正面内容与保险单一样,其效力等同于保险单。

3) 预约保单(open policy)

预约保单又称开口保险单,是保险人对被保险人将要装运的属于约定范围内的一切货物自动承保、没有总保险金额限制的预约保险合同。一般适用于那些常年有大量货物进出口业务的外贸公司。

(二) 中国保险条款 (CIC)

在我国,进出口货物运输最常用的保险条款是中国保险条款(CIC),该条款由中国人民保险公司制定,中国人民银行及中国保险监督委员会审批颁布。中国保险条款按国际货物运输方式来分,有海洋、陆路、航空和邮包运输保险条款四大类;对某些特殊商品,还配备有海运冷藏货物、陆运冷藏货物、海运散装桐油及活牲畜、家禽的海陆空运输保险条款,以上八种条款,投保人可根据实际需要选择投保。

在我国通常采用中国保险条款,但应国外商人的要求,也可以采用保险市场上通用的英国伦敦保险业协会所制定的"协会货物条款"(Institute Cargo Clause,ICC)。

1．海洋运输货物保险条款责任范围

本保险分为平安险、水渍险及一切险三种。被保险货物遭受损失时,本保险按照保险单上承保险别的条款规定,负赔偿责任。

1) 平安险(Free from Particular Average,FPA)

平安险的承保责任范围包括以下几点。

(1) 货物在运输途中由于恶劣气候、雷电、海啸、地震、洪水等自然灾害造成整批货物的全部损失或推定全损。当被保险人要求赔付推定全损时,须将受损货物及其权利委付给保险公司。被保险货物用驳船运往或运离海轮的,每一驳船所装的货物可视作一个整批。推定全损是指被保险货物的实际全损已经不可避免,或者恢复、修复受损货物以及运送货物到原定目的地的费用超过该目的地的货物价值。

(2) 由于运输工具遭受搁浅、触礁、沉没、互撞、与流冰或其他物体碰撞以及失火、爆炸意外事故造成货物的全部或部分损失。

(3) 在运输工具已经发生搁浅、触礁、沉没、焚毁意外事故的情况下,货物在此前后又在海上遭受恶劣气候、雷电、海啸等自然灾害所造成的部分损失。

(4) 在装卸或转运时由于一件或数件整件货物落海造成的全部或部分损失。

(5)被保险人对遭受承保责任内危险的货物采取抢救、防止或减少货损的措施而支付的合理费用,但以不超过该批被救货物的保险金额为限。

(6)运输工具遭遇海难后,在避难港由于卸货所引起的损失以及在中途港、避难港由于卸货、存仓以及运送货物所产生的特别费用。

(7)共同海损的牺牲、分摊和救助费用。

(8)运输契约订有"船舶互撞责任"条款,根据该条款规定应由货方偿还船方的损失。

2)水渍险(With Particular Average,WPA)

除包括上列平安险的各项责任外,水渍险还承保被保险货物由于恶劣气候、雷电、海啸、地震、洪水自然灾害所造成的部分损失。

3)一切险(All Risks)

除包括上列平安险的各项责任外,一切险还承保被保险货物在运输途中由外来原因所致的全部或部分损失。即一切险的承保责任范围还包括以下 11 种一般外来风险:

①偷窃、提货不着险;②淡水雨淋险;③短量险;④混杂、沾污险;⑤渗漏险;⑥碰损、破碎险;⑦串味险;⑧受潮受热险;⑨钩损险;⑩包装破裂险;⑪锈损险。

2.航空运输货物保险条款责任范围

航空运输货物保险分为航空运输险和航空运输一切险两种。被保险货物遭受损失时,按保险单上承保险别的条款承担赔偿责任。

1)航空运输险

航空运输险的承保责任范围包括以下两点。

(1)被保险货物在运输途中遭受雷电、火灾或爆炸或由于飞机遭受恶劣气候或其他危难事故而被抛弃,或由于飞机遭受碰撞、倾覆、坠落或失踪等意外事故所造成的全部或部分损失。

(2)被保险人对遭受承保责任内危险的货物采取抢救、防止或减少货损的措施而支付的合理费用,但以不超过该批被救货物的保险金额为限。

2)航空运输一切险

除包括上列航空运输险的责任外,航空运输一切险还负责被保险货物由于外来原因所致的全部或部分损失。

(三) 伦敦协会货物险条款

目前世界上大多数国家在海上保险业务中直接采用英国伦敦保险协会所制定的"协会货物条款"(简称 ICC)。ICC 最早制定于 1912 年,后来经过多次修改,最近一次的修改于 2009 年 1 月 1 日起生效。

"协会货物条款"的险别包括以下 6 种:

①协会货物条款(A),即 ICC(A);②协会货物条款(B),即 ICC(B);③协会货物条款(C),即 ICC(C);④协会战争险条款(IWCC);⑤协会罢工险条款(ISCC);⑥恶意损害险(Malicious Damage Clause)。

以上六种险别中,ICC(A)相当于中国保险条款中的一切险,但其责任范围更为广泛,故采用承保"除外责任"之外的一切风险的方式表明其承保范围;ICC(B)大体上相当于水渍险；ICC(C)相当于平安险，但承保范围更小些。ICC(B)和ICC(C)都采用列明风险的方式表示其承保范围。除恶意损害险外，其余五种险别均可单独投保。

（四）投保单的填制

投保单是投保人在向保险人办理投保申请时填制、签署并递交的单据，保险人出具的保险单或保险凭证是依据投保单来填写的，因此，投保单的准确性直接影响保险单是否符合信用证或合同的要求。货物运输险投保单如图6-5所示，填写内容如下。

货 物 运 输 险 投 保 单
APPLICATION FOR CARGO TRANSPORTATION INSURANCE

投保单号：MI0000274

注意：请您在保险人明确说明本投保单及适用保险条款后，如实填写本投保单，您所填写的材料将构成签订保险合同的要约，成为保险人核保并签发保险单的依据。除双方另有约定外，保险人签发保险单且投保人向保险人缴清保险费后，保险人开始按约定的险种承保货物运输保险。

投保人 Applicant	China Blue Ocean International Trade Co., Ltd.			
投保人地址 Applicant's Add	Hainan Building, No.8 Guoxing Street, Meilan District, Haikou, Hain		邮编 Code	571128
联系人 Contact	Eric Wang	电话 Tel.	0898-65918888	电子邮箱 E-mail	
被保险人 Insured	Brazil Green River International Trading Co., Ltd.		电话 Tel.	005521668877566
贸易合同号 Contract No.	CBO230522	信用证号 L/C No.	002/0000058	发票号 Invoice No.	IV0000123

标记 Marks & Nos.	包装及数量 Packing & quantity	保险货物项目 Description of goods
BGR CBO230522 RIO DE JANEIRO C/NO. 1-2500	2500　　　CARTONS	CHINESE CERAMIC CUP

装载运输工具 Name of the Carrier	TBA		
起运日期 Departure Date	2023-05-30	赔付地点 Claims Payable At	Brazil
航行路线 Route	自 Shanghai, China　经 From　　　Via		到达（目的地）Rio De Janeiro, Brazil To(destination)

包装方式：
运输方式：

承保条件　投保人可根据投保意向选择投保险别及条款，并划√确认，但保险人承保的险别及适用条款以保险人最终确定并在保险单上列明的险种、条款为准。
Conditions：
进出口海洋运输：☑一切险　□水渍险　□平安险　（《海洋运输货物保险条款》）
　　　　　　　　□ICC(A)　□ICC(B)　□ICC(C)　（《伦敦协会条款》）
进出口航空运输：□航空运输险　□航空运输一切险　（《航空运输货物保险条款》）
进出口陆上运输：□陆运险　□陆运一切险　（《陆上运输货物保险条款》）

特殊附加险：☑战争险　☑罢工险

特别约定 Special Conditions：
1、加成 Value Plus About　130　　　％
2、CIF金额 CIF value _____　　3、保险金额 Insured Value _____
4、费率（‰）Rate _____　　　5、保险费 Premium _____

投保人声明：
1.本人填写本投保单之前，保险人已经就本投保单及适用的保险条款的内容，尤其是关于保险人免除责任的条款及投保人和被保险人义务条款向本人作了明确说明，本人对该保险条款及保险条件已完全了解，并同意接受保险条款的约束。
2.本投保单所填各项内容均属事实，同意以本投保单作为保险人签发保险单的依据。
3.保险合同自保险单签发之日起成立。

投保人签字（盖章）　China Blue Ocean International Trade Co., Ltd.　　日期 2023-05-29

图6-5　货物运输险投保单

1．投保人名称、地址、邮编、联系人、电话、电子邮箱

如实填写投保人公司基本资料。

2．被保险人名称、电话

填被保险人(通常为进口商)公司英文名称与电话。

3．贸易合同号

填写国际货物销售合同的编号。

4．信用证号

填写信用证号码,若不是信用证方式付款,本项留空。

5．发票号

填写此批货物的发票号码。如果是出口商投保,填写商业发票号;如果是进口商投保,本栏无须填写。

6．标记

此栏参照合同中的"Shipping Mark"填写。唛头即运输标志,既要与实际货物一致,还应与提单一致,并符合信用证的规定。如信用证没有规定,可按买卖双方和厂商订的方案或由受益人自定。无唛头时,应注"N/M"或"No Mark"。如为裸装货,则注明"NAKED"或散装"In Bulk"。在实务中,在保险单中往往仅注明"AS PER INVOICE NO...."。

7．包装数量

填写货物的外包装的数量及其单位即可,不用列明具体货物的数量及其单位。如,30 PALLETS(20托盘)、500 CARTONS(500纸箱)。

在POCIB中,合同中的数量一般为销售数量,外包装件数则须通过计算得出,计算方法可参考"城市中心"中"国内工厂"相关网站里对产品计算的说明。

8．保险货物项目

填写货物名称,仅列明货物的概括性名称,只要不与信用证对货物的描述相矛盾即可。

9．装载运输工具

海运方式下填写船名,空运方式下填写航班号。在POCIB中,船名可在货运公司接受出口商订舱时签发的"配舱回单"中查找;航班号可在货运公司签发的"空运进仓通知单"中查找。

10．起运日期

填写预计起运日期。

11．赔付地点

严格按照信用证规定填写,进口商和开证行一般都要求赔付地点必须在目的港目的国某地。

12．航行路线

(1) 启运港,按合同或信用证"Port of Shipment"填写,格式为"港口名,国家",如Shanghai, China。

(2) 转运港,按实际情况填写,如没有则不填。

(3) 目的港,按合同或信用证"Port of Destination"填写,格式为"港口名,国家",如Liverpool, UK。

13．包装方式

填写货物包装方式。

14. 运输方式

填写货物运输方式。

15. 承保条件

根据货物运输方式不同,选择海运或空运险别,主险只能选择一种。

海洋运输投保条款一般在 PICC CLAUSE 和 ICC CLAUSE 选择。航空运输投保条款包括:AIR TPT ALL RISKS 航空运输一切险;AIR TPT RISKS 航空运输险。除此之外,还有两种特殊附加险:WAR RISKS 战争险;STRIKE 罢工险。可以根据情况加保。

在 POCIB 中,CIF、CIP 方式下,出口商必须按合同规定的险别填写投保单,否则单据无法检查通过。其他方式下,所投险别由进口商自行决定。

16. 特别约定

有其他特殊投保条款可在此说明,以分号隔开。

17. 投保加成

投保加成是指超过投保货物的 CIF 或 CIP 价值以上一定比例的追加投保价值,是为了弥补受益人先期的交易费用以及预期利润的价值补偿。在进出口贸易中,根据有关的国际贸易惯例,保险加成率为 0%～30%,通常选择 10%,当然,出口商也可以根据进口商的要求与保险公司约定不同的保险加成率。

在 POCIB 中,CIF、CIP 方式下,出口商必须按合同规定的投保加成填写,否则单据无法检查通过。其他方式下,投保加成由进口商自行决定。

18. CIF 金额、保险金额、费率、保险费

如果合同以 FOB/FCA、CFR/CPT 成交,应换算成 CIF 价。保险金额、保险费的计算详见项目二。在 POCIB 中,这几项内容不需填写,会在进出口商办理投保后,由系统自动计算生成。

19. 投保人签字

填写投保人公司英文名称。在 POCIB 中,投保人公司英文名称请在公司基本资料中复制。

20. 投保日期

填写投保日期,必须为正确的日期格式。

二、实训指导 6-4

在 POCIB 中,凡按 CIF/CIP 条件订立的出口合同,由出口商负责于出口报关前办理投保;凡按 CFR/CPT、FOB/FCA 条件订立的合同,由进口商负责投保。

注意:如为进口商投保,进口商尽早向出口商询问船名或航次等信息,以便及时办理保险。一旦出口商办理出口报关后,进口商将不能再投保。在这种情况下,一旦货物发生意外,则无法获得赔偿。

本案例选用的贸易术语为 CIF,应由出口商投保,投保的具体流程如下。

(1) 出口商(蓝海公司)进入"我的订单"的"业务履约"页面,选择进入相应的业务条目;点击"单据中心",添加"投保单"并填写,如图 6-5 所示。

(2) 出口商(蓝海公司)进入"城市中心"里的"国际保险公司",点击"投保"按钮,选择相应的合同。

（3）出口商（蓝海公司）点击"添加单据"按钮选择单据"货物运输投保单"和"商业发票"；如果是进口商投保，则只须选择单据"投保单"，完成保险申请办理（注意：CFR/CPT、FOB/FCA 方式下，进口商须在出口商办理完订舱后、货物出运前办理投保，建议尽早办理，以免货物发生意外无法索赔）。

（4）出口商（蓝海公司）点击"办理"，完成保险申请。等待一段时间后，将收到保险公司发来的保险办理完成的通知，在单据中心里可看到保险公司签发的"货物运输保险单"。

注意：在 POCIB 中，如为进口商投保，须在出口商办理完订舱之后，系统方能签发货物运输保险单（见图 6-6）。

图 6-6　货物运输保险单

项目七　出口通关

学习目标

知识目标：知道出口报检的含义和作用，了解检验证书的种类，熟知检验检疫的内容和我国出口报检程序；知道原产地证明书的含义与作用，了解原产地证明书的类型；知道出口报关的含义，了解我国出口报关的程序。

技能目标：能够判断出口商品是否需要报检，能正确填写出境货物检验检疫申请，能够办理出口报检；能正确填制和申领普惠制产地证明书和一般原产地证明书；能正确填写出口货物报关单，能够办理货物的出口报关。

素质目标：培养并践行外贸从业者的法治意识和职业道德，培养认真、细致、严谨、高效的职业素养，培养诚信意识和敬业精神，培养良好的语言表达和人际沟通能力，遵守国家贸易法律法规，培育并践行社会主义核心价值观。

任务一　出口报检

一、理论知识

（一）出口报检的含义和作用

出口报检（export inspection）指出口货物在离境前，为确保其符合中国及目的国相关法规和要求，按照规定的程序、标准和技术要求进行检验、鉴定和检测。通过出口货物报检，可以保证出口货物的质量、安全、卫生和环保符合标准，避免因不符合法规要求而引发的经济损失和贸易纠纷。

进出口商品的检验主要分为强制性的法定检验和自愿性的委托检验两种。在国际贸易中的法定检验商品，出入境检验检疫机构依《中华人民共和国进出口商品检验法》（以下简称

《商检法》),对列入海关总署制定、调整并公布的《实施检验检疫的进出口商品目录》的进出口商品,以及法律、行政法规规定须经出入境检验检疫机构检验的其他进出口商品,须经出入境检验检疫机构进行检验或检疫并经检测符合要求后,才能办理通关放行手续。对于法定检验以外的进出口商品,出入境检验检疫机构根据国家规定实施抽查检验。

2018年3月,根据国务院机构改革方案,国家质量监督检验检疫总局的出入境检验检疫管理职责和队伍划入海关总署,各地出入境检验检疫机构仍然具体负责进出口商品检验工作。我国的进出口商品检验主管机构为海关总署,具体负责进出口商品检验工作的是海关总署设在各地区的出入境检验检疫机构。下文中为了与软件中相关机构名称对应,将各地出入境检验检疫机构用海关代替。

(二) 检验证书的种类

检验证书(Inspection Certificate)是各种进出口商品检验证书、鉴定证书和其他证明的统称,是国际贸易有关各方履行契约义务、处理索赔争议和仲裁、诉讼举证时具有法律依据的有效证件,也是海关验放、征收关税和优惠减免关税的必要证明。检验证书的种类和用途主要有以下几种。

1. 品质检验证书(Inspection Certificate of Quality)

品质检验证书是出口商品的品质、规格、等级、成分和性能等实际情况的证明。

2. 重量或数量检验证书(Inspection Certificate of Weight or Quantity)

重量或数量检验证书是出口商品的重量或数量,如毛重、净重等的证明,是出口商品交货结汇、签发提单和进口商品结算索赔的有效凭证;出口商品的重量证书,也是国外报关征税和计算运费、装卸费用的证件。

3. 兽医检验证书(Veterinary Inspection Certificate)

兽医检验证书是证明出口动物产品或食品经检疫合格的证件。适用于冻畜肉、冻禽、禽畜罐头、冻兔、皮张、毛类、绒类、猪鬃、肠衣等出口商品。

4. 卫生检验证书(Sanitary Inspection Certificate)

也称健康检验证书(Inspection Certificate of Health),是证明可供人类食用的出口动物产品、食品等经过卫生检验或检疫合格的证件,适用于肠衣、罐头、冻鱼、冻虾、食品、蛋品、乳制品、蜂蜜等。

5. 消毒检验证书(Inspection Certificate of Disinfection)

消毒检验证书是证明出口动物产品经过消毒处理,保证安全卫生的证件。适用于猪鬃、马尾、皮张、山羊毛、羽毛、人发等商品。

6. 熏蒸证书(Inspection Certificate of Fumigation)

熏蒸证书是用于证明出口粮谷、油籽、豆类、皮张等商品,以及包装用木材与植物性填充物等,已经过熏蒸灭虫的证书。

7. 残损检验证书(Inspection Certificate on Damaged Cargo)

残损检验证书是证明进口商品残损情况的证件。适用于进口商品发生残、短、溃、毁等情况,可作为受货人向发货人或承运人或保险人等有关责任方索赔的有效证件。

8. 货载衡量检验证书（Inspection Certificate on Cargo Weight &/or Measurement）

货载衡量检验证书是证明进出口商品的重量、体积的证件，同时亦可作为计算运费和制订配载计划的依据。

9. 船舱检验证书（Inspection Certificate on Tank/Hold）

证明承运出口商品的船舱清洁、密固、冷藏效能及其他技术条件是否符合保护承载商品的质量和数量完整与安全的要求。可作为承运人履行租船契约适载义务，对外贸易关系方进行货物交接和处理货损事故的依据。

在POCIB中，在"城市中心"中的"海关"建筑点击"访问网站"至"H.S.编码"页面查询，只需要输入商品详细资料里的商品H.S.编码，查看查询结果里的监管条件，带有"B"的商品需要出口报检；若合同中的（Documents栏位）选择了任何一种商检证书（品质证书、质量证书、重量证书、健康证书），即使监管条件中没有"B"，也需要出口报检。

（三）检验检疫的内容和报检程序

检验检疫的内容包括进出口商品检验、进出境动植物检疫、进口商品认证管理（强制性认证的产品）、进口废物原料装运前检验、出口商品质量许可（重要出口商品）、食品卫生监督检验、出口商品运输包装检验、外商投资财产鉴定、货物装载和残损鉴定和卫生建议与处理等。

我国出口商品检验的程序主要包括四个环节：报检资格认定、申请报检、检验、签证与放行。

1. 报检资格认定

我国报检单位分为自理报检单位和代理报检单位。

（1）自理报检单位是指根据法律法规规定办理检验检疫报检、申报手续的出入境货物或其他报检物的关系人。在自理报检单位首次报检时须办理备案登记手续，取得报检单位登记号。

（2）代理报检单位是指在海关注册登记，依法接受有关贸易关系人的委托，为有关贸易关系人办理报检/申报业务，在工商行政管理部门注册登记的境内企业法人。

2. 申请报检

（1）应施行出口检验的商品，报检人应于出口前，详细填写"出境货物检验检疫申请"，每份出境货物检验检疫申请仅限填写属于同一个合同、同一份信用证的商品。对同一合同、同一信用证，但标记号码不同的货物，应分别填写相应的检验检疫申请。

（2）除了检验检疫申请，还应同时提交有关的单证和资料，如双方签订的外贸合同与合同附件、信用证、商业发票、装箱单以及厂检单、出口商品运输包装性能检验等必要的单证，向商品存放所在地的海关申请检验，缴纳检验费。

3. 检验

海关在审查上述单证符合要求后，受理该批商品的报检。

（1）抽样：海关接受报检之后，及时派员赴货物堆存地点进行现场检验、鉴定。现场检验一般采取国际贸易中普遍使用的抽样法（个别特殊商品除外），抽样时，要根据不同的货物形态，按照规定的方法和一定的比例，在货物的不同部位抽取一定数量的、能代表全批货物质量的样品（标本）供检验之用。报验人应提供存货地点情况，并配合检验人员做好抽样工作。

(2)检验:海关首先应当认真研究申报的检验项目,确定检验内容,仔细审核合同(信用证)中关于品质、规格、包装的规定,弄清检验的依据,确定检验标准、方法;然后使用从感官到化学分析、仪器分析等各种技术手段,对出口商品进行检验。

4. 签证与放行

海关对检验合格的商品签发相应的检验检疫证书,出口企业即凭此在规定的有效期内报关出口。经检验检疫不合格的,签发"出境货物不合格通知单"。

出境货物最迟应于报关或装运前7天在产地进行报检,对于个别检验检疫周期较长的货物,应留有相应的检验检疫时间;如出口货物为异地报关的,在产地检验后,还应考虑查验换单的时间;需隔离检疫的出境动物在出境前60天预报,隔离前7天报检。

出口商品的报检人对海关得出的检验结果有异议的,可以向原海关申请复验,由受理复验的海关及时给出复验结论。

(四) 出境货物检验检疫申请的填制

出境货物检验检疫申请是法定检验商品出口报检时必须填制的申报单据,除了编号由海关指定外,其余各栏由报检单位填制,如图 7-1 所示,其中有些栏目可以用中文填写,有些栏目用英文填写,还有些栏目用中英文两种文字填写。

1. 申请单位

填写出口商公司中文名称,可在出口公司基本资料或合同中查找。

2. 申请单位登记号

这个登记号是海关为当地外贸企业统一编制的代号。在 POCIB 中,此栏目应填写出口公司基本资料中的报检登记号。

3. 联系人和电话

一般填写出口企业主管本笔业务的外销人员的姓名和电话,便于海关有事能及时与企业取得联系。在 POCIB 中,此栏目可填写出口公司法人代表中文姓名与公司电话号码,上述信息可在出口公司基本资料中查找。

4. 申请日期

填写登录报检的具体日期,便于海关及时受理和安排检验或检疫。在 POCIB 中,日期格式须符合系统要求,一般采用 YYYY-MM-DD 的格式。

5. 发货人

填写合同上的卖方或信用证上的受益人名称。在 POCIB 中,一般填写出口商的中、英文公司名称。

6. 收货人

填写合同上的买方或信用证上的开证人名称。在 POCIB 中,一般填写进口商公司的英文名称即可。

7. 货物名称

按合同、信用证所列名称填写,可以仅用概括性用语描述即可,但为了便于检验人员准确地核查出出入境货物,也是为了避免在出证时将货物名称翻译得不够准确,因此货名要求是中英文双语,且中、外文要一致,如有多个商品应该分别列出。

图 7-1　出境货物检验检疫申请

在 POCIB 中，此栏应填写商品"中文名称＋英文名称"。例如，洋菇罐头（整粒）CANNED WHOLE MUSHROOMS。

8. H.S. 编码

按《商品分类及编码协调制度》10 位数字填写，H.S. 编码一定要准确，若出错不仅影响到能否顺利通关，还会影响后续的出口退税。例如，皮革服装的 H.S. 编码为 4203100090。

在 POCIB 中，H.S. 编码可在"海关"机构网站中查询得到；也在"城市中心"中的"市场"或"国内工厂"，根据产品编号打开商品基本资料后查询得到。

9. 产地

填写产品的出产或生产地点，一般填写到省就可以。在 POCIB 中，此栏填写出口国中文名称。

10. 数/重量

按实际申请检验检疫数或重量填写,并注明计量单位,既要与实际装运货物情况一致,还要与合同或信用证中的规定一致。

在 POCIB 中,货物都以销售数量计,可在"商品详细资料"中查找"销售单位(中文)",如洋菇罐头(整粒)的中文销售单位为"箱"。

11. 货物总值

一般按商业发票所列货物币别和总值填写,为不影响通关,该金额须与其他通关单据如商业发票、报关单等的申报数额相同。

12. 包装种类及数量

此栏的包装是指商品外包装的种类及件数,单位用中文填写,比如"500 纸箱""2000 袋"等。而上述第 10 栏中的数量是指出口商品本身的数量,如"5000 只""100 吨"等。

在 POCIB 中,货物包装种类可在商品详细资料中查找"包装单位/包装种类(中文)",如洋菇罐头(整粒)的中文包装单位为"纸箱"。

13. 运输工具名称、编号

填写货物实际装载的运输工具类别名称,如船、飞机、火车、货柜车等,以及运输工具编号,如船名、飞机航班号、火车车次、车牌号码等。

在 POCIB 中,在海运方式下,请参考订舱时生成的"配舱回单"里的船名;在空运方式下,则参考"进仓通知单"中的航次。

14. 贸易方式

贸易方式主要有一般贸易、来料加工、进料加工、补偿贸易等,申报人要据实填写(常用的监管方式代码表见表 7-1)。

表 7-1 监管方式代码表(部分)

监管方式代码	监管方式简称	监管方式全称
0110	一般贸易	一般贸易
0214	来料加工	来料加工装配贸易进口料件及加工出口货物
0513	补偿贸易	补偿贸易
0615	进料对口	进料加工(对口合同)
0654	进料深加工	进料深加工结转货物
1039	市场采购	市场采购
1210	保税电商	保税跨境贸易电子商务
1233	保税仓库货物	保税仓库进出境货物
1616	寄售代销	寄售、代销贸易
3239	零售电商	跨境电子商务零售
4561	退运货物	因质量不符、延误交货等原因退运进出境货物

资料来源:中华人民共和国海关总署网站。

在 POCIB 中,此栏目都填写"一般贸易"。

15. 货物存放地点

报检商品存放的地点,是海关施检或抽取样品的地方。在 POCIB 中,在海运方式下,请参考订舱时生成的"配舱回单"里的货物存放地;在空运方式下,则不用填写。

16. 合同号

报检商品成交的合同号码。实际申请报检时还要同时提交一份买卖合同的副本作为附件。

在进出口贸易中,出口商在不同交易环节可能会签订不同的合同,如与进口商的销售合同,与工厂的购货合同,与保险公司的保险合同,与承运人的运输合同等,而在国际贸易单据中,往往只是简单地列名合同,只要没有特别说明,所指合同通常就是出口商与进口商签订的国际货物销售合同。

17. 信用证号

按实际情况填写信用证号。如属非信用证结汇的货物,本栏应填写"无"或"/"。

18. 用途

商品的用途,一般不用填写。

19. 发货日期

填写信用证或合同规定的装运期限的月份,并且在合同日期之后。注意不能填写装运期的最后期限,要留有余地,以防因海关延迟检验检疫或延迟出具证书影响货物及时装运出口。

20. 输往国家(地区)

填写进口国中文国别。

21. 许可证/审批号

需申领许可证或经审批的商品填写,还需要出具这些相关的证件。一般商品可不填。

22. 启运地

填写装运港或发运地的中文名称。在 POCIB 中,与到达口岸一样,可在"国际货运有限公司"海运部机构网站的"航线及运费",或在空运部网站"常用查询"中查询。

23. 到达口岸

填写目的港(地)中文名称。

24. 生产单位注册号

填写海关签发的卫生注册证书号或质量许可证号,若没有可不填。

25. 集装箱规格、数量及号码

按实际情况填写。在 POCIB 中,在海运方式下,可参照"配舱回单"中的"集装箱种类";在空运方式下,则不用填写。

26. 合同、信用证订立的检验检疫条款或特殊要求

按信用证或合同中对商检机构出具检验证书的要求,即检验检疫条款的内容填写。检验部门制作证书的检验结果的内容填写时会参考此栏的内容。

27. 标记及号码

填写实际货物运输包装上的标记,要与合同相一致。中性包装或裸装、散装商品应填"N/M",并注明"裸装"或"散装"。在进出口贸易的国内单据中,标记和号码一般就是唛头。

在 POCIB 中,可复制合同中"Shipping Mark"栏目的内容。

28. 随附单据

出口商品在报验时,一般应提供国际货物销售合同、信用证原本的复印件或副本,必要时还需提供原本,还有商业发票及装箱单。合同如果有补充协议的,要提供补充的协议书;合同、信用证有更改的,要提供合同、信用证修改书等。对订有长期贸易合同而采取记账方式结算的,外贸进出口公司每年一次将合同副本送交海关。申请检验时,只在申请单上填明合同号即可,不必每批附交合同副本。凡属危险或法定检验范围内的商品,在申请品质、规格、数量、重量、安全、卫生检验时,必须提交海关签发的出口商品包装性能检验合格单证,海关凭此受理上述各种报验手续。

值得注意的是,信用证方式下,"合同""信用证""发票""装箱单"必须选择,其他贸易方式下无须选择"信用证"。

29. 需要证、单名称

按照合同、信用证及有关国际条约规定必须经海关检验并签发证书的,应在检验检疫申请上准确注明所需检验检疫证书的种类和数量。

注意:(1)在 POCIB 中,可供签发的检验证明文件为"品质证书""健康证书""数量/重量证书""植物检疫证书"。(2)所选检验证书以及正本和副本份数必须与合同"DOCUMENT"一致,否则单据无法通过。

备注:自 2018 年 6 月 1 日起,海关总署全面取消入/出境货物通关单。

30. 检验检疫费

此栏目由海关填写。

31. 签名

由出口商公司法人签名。

32. 领取证单

应在海关受理报验日现场由报检人填写。

二、实训指导 7-1

出口报检的具体流程操作步骤如下。

(1)出口商进入"我的订单"的"业务履约"页面,选择进入相应的业务条目。

(2)出口商点击"单据中心",添加"出境货物检验检疫申请"并填写(见图 7-1)。

(3)出口商进入"城市中心"里的"海关(检验检疫)",点击"出口报检"按钮,选择相应的合同。

(4)点击"添加单据"按钮,选择单据"出境货物检验检疫申请""商业发票""装箱单""合同",信用证方式下须提交"信用证",如果修改过信用证还须提交"信用证修改书"。

(5)点击"办理"按钮,完成出口报检。等待一段时间后,将收到海关签发的出境货物检验检疫申请上勾选申请的检验证书(包括"品质证书""健康证书""数量/重量证书""植物检疫证书"等)。

注意:(1)在"城市中心"中的海关建筑里点击"访问网站"至"HS编码"页面查询,只需要输入商品详细资料里的商品 H.S. 编码,看查询结果里的监管条件,带有"B"的商品需要出口报检;若合同中(Document 栏位)选择了某一商检证书(品质证书、质量证书、重量证书、健康证书),即使监管条件没有"B",也需要出口报检。(2)出境货物检验检疫申请中勾选的商检证书必须与合同中勾选的商检证书一致。

任务二 申请原产地证明书

一、理论知识

(一) 原产地证明书的含义与作用

1. 产地证的含义

原产地证(certificate of origin, C/O)是出口国的特定机构出具的证明其出口货物为该国家(或地区)原产的一种证明文件。《中华人民共和国出口货物原产地证明书》是证明有关出口货物原产地为中华人民共和国的证明文件。

2. 原产地证明书的作用

(1) 核定进口关税的依据。
(2) 确定采用何种非关税措施的依据。
(3) 国家贸易统计和制定政策的依据。

(二) 原产地证明书的类型

目前我国可以签发的原产地证书包括优惠性原产地证书、非优惠性原产地证书以及专用原产地证书等。优惠性原产地证书主要是普惠制产地证书(FORM A)和各类区域性优惠原产地证书,非优惠性原产地证书主要有一般原产地证书、加工装配证书以及转口证书,专用原产地证明书主要是金伯利进程证书,输欧盟农产品原产地证(蘑菇罐头证书)。

1. 普惠制原产地证明书(FORM A)

适用于对发达国家出口的符合给惠国相关规定的产品。截至 2021 年 12 月,给予我国普惠制待遇的国家还剩 3 个:澳大利亚、新西兰、挪威。业内人士认为,普惠制原产地证书在未来可能会彻底退出历史舞台。实际上,得益于我国与越来越多经济体签署自贸协定,企业完全可以根据自身情况选择最有利的关税安排。比如,我国与日本通过区域全面经济伙伴关系协定(RCEP)建立了自由贸易伙伴关系,该协定 2022 年 1 月 1 日生效后,企业可以申领 RCEP 项下原产地证书,享受相应的协定税率。

2. 一般原产地证明书(CO 证书)

出口产品在进口国/地区通关所需,是进口国进行贸易统计等的依据。CO 证书对所有独立关税区的国家(地区)都可签发,如图 7-2 所示。

在 POCIB 中,只出现普惠制原产地证明书和一般原产地证明书两种。如果进口国为美国,出口商需要办理一般原产地证明书,其他国家可申请普惠制产地证。

图 7-2 一般原产地证明书

（三）普惠制原产地证明书的填制

普惠制原产地证明书（Generalized System of Preference Certificate of Origin，GSP）Form A 是普惠制的主要单据。普惠制是发达国家给予发展中国家出口制成品、半制成品的一种优惠的关税制度，它是在最惠国关税的基础上进一步减免的，因而是国际贸易中最低的关税。截至 2022 年仅有 3 个国家（澳大利亚、新西兰、挪威）给予我国普惠制关税待遇，涉及玩具、机电产品、纺织服装、轻工产品、食品等领域。凡是对给惠国出口一般货物,须提供这种产地证明书。由出口公司填制,并由国家海关签证出具,作为进口国减免关税的依据。

普惠制原产地证明书的签证程序一般有如下两个步骤。第一步,注册登记,由审批机关批准经营出口业务的证明文件、营业执照复印件。第二步,申请出证,应在货物出运前五天向海关申请办理,须提交下列单据:①申请书一份;②《普惠制原产地证明书格式 A》一式三份;③出口货物商业发票;④签证机构认为必要的其他文件。

普惠制原产地证明书的填制要求如图 7-3 所示。

Item number	6.Marks and numbers of packages	7.Number and kind of packages; description of goods	8.Origin criterion (see Notes overleaf)	9.Gross weight or other quantity	10.Number and date of invoices
1	BGR CBO230522 RIO DE JANEIRO C/NO. 1-2500	TWO THOUSAND FIVE HUNDRED (2500) CARTONS OF CHINESE CERAMIC CUP PACKING: 10UNITS/CARTON	"P"	25000UNITS	IV0000123 May 25, 2023

1.Goods consigned from (Exporter's business name, address, country)
China Blue Ocean International Trade Co., Ltd.
Hainan Building, No.8 Guoxing Street, Meilan District, Haikou, Hainan, China

Reference No. GP/000/0231

GENERALIZED SYSTEM OF PREFERENCES CERTIFICATE OF ORIGIN
(Combined declaration and certificate)

FORM A

2.Goods consigned to (Consignee's name, address, country)
Brazil Green River International Trading Co., Ltd.
N0.9 Avenida Pedro Calmon, Rio de Janeiro, Brazil

3.Means of transport and route (as far as known)
From Shanghai, China to Rio De Janeiro, Brazil on May 31, 2023 by vessel.

4.For official use

11.Certification
It is hereby certified, on the basis of control carried out, that the declaration by the exporter is correct.

验证章

12.Declaration by the exporter
The undersigned hereby declares that the above details and statements are correct, that all the goods were produced in ___China___
(country)
and that they comply with the origin requirements specified for those goods in the Generalized System of Preferences for goods exported to ___China Blue Ocean International Trade Co., Ltd.___
Eric Wang
(importing country)

Place and date, signature and stamp of certifying authority | Place and date, signature and stamp of authorized signatory

图 7-3 普惠制原产地证明书

1. 证书号码(Reference No.)

填写签证当局编号的证书号码。在 POCIB 中,该号码由系统自动生成。

2. 发货人（Goods consigned from...）

一般填写卖方详细的名称和地址,包括国家名称。若在信用证条件下,应与规定的受益人姓名和地址、国别一致。需要注意的是,本栏的最后一个单词必须是国家名。

在 POCIB 中,此栏目应填写出口商的英文名称、英文地址、所属国家,且国家名称必须与首页公司基本资料中的国名的写法一致,如 America（美国）,UK（英国）。

3. 收货人（Goods consigned to...）

填写进口商的名称、地址及国家名称。在 POCIB 中,此栏目应填写进口商的英文名称、英文地址、所属国家,且国家名称必须与首页公司基本资料中的国名的写法一致。

4. 运输方式和路线（Means of transport and route）

填写运输方式（海运、空运等）、起运港和目的地（目的港）,应注意与其他单据保持一致。如需中途转运,也应注明。

例如:From Shanghai to Liverpool on June 20, 2023 by vessel.（所有货物于 2023 年 6 月 20 日通过海运从上海港运往利物浦港。）

5. 供官方使用（For official use）

由海关填注。正常情况下,出口公司应将此栏留空。海关主要在两种情况下填注:一是后补证书,则加盖"ISSUED RETROSPECTIVELY"（后发）的红色印章;二是原证丢失,该证系补签,则此栏要加盖"DUPLICATE"并声明原证作废。

在 POCIB 中,此栏目留空不填。

6. 项目编号（Item number）

填列商品项目,有几项则填几项。如果只有单项商品,仍要列明项目"1"。

7. 唛头及包装号码（Marks and numbers of packages）

应注意与买卖合同、发票、提单、保险单等单据保持一致（对应合同中的"Shipping Mark"栏）。即使没有唛头,也应注明"N/M",不得留空。

如唛头内容过多,可填在第 7、8、9 栏的空白处,或另加附页,只需打上原证号,并由签证机关授权人员手签和加盖签证章。

8. 包装种类和件数、货物描述（Number and kind of packages, Description of goods）

填写商品的包装数量、包装种类及商品名称与描述,例如,SIX HUNDRED AND FIFTY ONE CATONS OF COVER ALL（651 纸箱工作服）。

在 POCIB 中,此栏目应包含以下内容。

（1）商品运输包装的数量,包装数量与装箱单里的"外包装件数（PACKAGE）"相同,具体计算可以参考商品相关计算方法。

注意:这里的包装数量要填写合同商品包装数量的英文数字大写并在其后用括号加上包装数量的阿拉伯数字。例如:"ONE HUNDRED(100)"。

（2）包装种类,包装种类按照"商品基本资料"里的"包装单位/包装种类"填写,例如,商品 05011 的包装种类为"CARTON"。

（3）商品描述,货物描述应填写"商品基本资料"里的"商品名称（英文）"＋"规格型号（英文）"两部分。

(4) 商品的包装数量、种类和货物描述之间用"OF"连接。

下面,以商品25002(24K黄金项链)为例,详细解释该栏位的填写方法。

合同签订情况如图7-4所示。

Choice	Product No.	Description	Quantity	Unit	Unit Price	Amount
				[CPT ▼]	[Nagoya,Japan ▼]	
○	25002	24K Gold Pendant Necklace 24K Pure gold, Gold Weight: 9.50g, Length: 40CM, Packaging: 1pc/box, 10boxes/carton	990	PCS	EUR140.78	EUR139372.20
		Total:	990	PCS	[EUR ▼]	[139372.20]

图7-4 "合同签订"界面

查询25002的商品基本资料如图7-5所示。

商品编号:	25002
商品名称(中文)	24K黄金项链
商品名称(英文)	24K Gold Pendant Necklace
规格型号(中文)	24K金,重量9.50g,长度:40cm,包装:锦盒装,每箱装10盒
规格型号(英文)	24K Pure gold, Gold Weight: 9.50g, Length: 40cm, Packaging: 1pc/box, 10boxes/carton
商品属类	贵金属
H.S.编码	7113191990
销售单位	PC (件)
包装单位/包装种类	CARTON(纸箱)
单位换算	1个包装单位 = 10个销售单位
毛重(KG)/包装单位	0.22
净重(KG)/包装单位	0.095
体积(CBM)/包装单位	0.00125
集装箱种类	普通
备注	本商品适合空运

图7-5 商品25002基本资料

首先,计算该笔合同下商品25002的包装数量。

通过合同已知,商品25002的销售数量为990 PCS(件);通过商品基本资料查得,25002的包装单位/包装种类为CARTON(纸箱),且1个包装单位 = 10个销售单位,也就是说1CARTON(纸箱)装10 PCS(件)黄金项链;用990除以10,可得出,合同中的990件黄金项链需要装99个纸箱,也就是说该笔合同商品的包装数量为99。

其次,根据上述填写说明,须填写包装数量的英文数字大写并在其后用括号加上包装数量的阿拉伯数字,所以这里应填:NINETY NINE (99)。

再次,已知25002的包装单位为"CARTON",所以商品的包装数量加上包装种类为:NINETY NINE (99) CARTONS。

从次,货物描述为"商品名称(英文)"+"规格型号(英文)",也就是:

24 K Gold Pendant Necklace

24 K Pure gold, Gold Weight: 9.50 g, Length: 40 cm, Packaging: 1pc/box, 10 boxes/carton

最后,商品的包装数量、种类和货物描述之间用"OF"连接,所以,此例中该栏位最终应填写为:

NINETY NINE (99) CARTONS OF 24K Gold Pendant Necklace

24 K Pure gold, Gold Weight:9.50 g, Length:40 cm, Packaging:1pc/box, 10 boxes/carton

9. 原产地标准(Origin criterion)

填写货物原料的成分比例。此栏用字最少,但却是国外海关审证的核心项目。对含有进口成分的商品,因情况复杂,国外要求严格,极易弄错而造成退证,故应认真审核。一般规定说明如下。

(1) "P":完全自产,无进口成分,填"P"。

(2) "W":含有进口成分,但符合原产地标准,填"W"。

(3) "F":对加拿大出口时,含进口成分占产品出厂价40%以内者,都填"F"。

(4) 空白:出口到澳大利亚、新西兰的货物,此栏可留空不填。

注意:含有进口原料成分的商品,发往瑞士、挪威、芬兰、瑞典、奥地利等欧盟成员国及日本时,都使用"W",并在字母下方标上产品的CCCN税则号(布鲁塞尔税则);发往加拿大出口的商品,产品含有进口成分占产品出厂价40%以内者,使用"F";发往澳大利亚、新西兰的商品,此栏可以空白;发往俄罗斯、白俄罗斯、乌克兰、哈萨克斯坦、捷克、斯洛伐克时,都填写"Y",并在字母下面标上百分比(占产品离岸价格的50%以下)。

在POCIB中,货物都属完全自产,无进口成分,此栏填"P"(注意填写时须加引号)。

10. 毛重或其他数量(Gross weight or other quantity)

与合同及运输单据的总毛重或数量相同,应分别列明毛重数值与计量单位。

注意:此栏应以商品的正常销售单位填,如"只、件、匹、双、台、打"等。以重量作为销售单位的则填毛重,只有净重的,填净重亦可,但必须注明"N. W."(NET WEIGHT)。

例如:商品02002男式T恤衫,以"件"为销售单位,此处应该填商品的实际销售数量及单位,如9000 PCS(注意单位的单复数);商品23001原蔗糖,以重量"吨"为销售单位,此处就应该填商品的毛重及单位。如2625 KGS(小于或等于1千克的单位填单数"KG")。

11. 发票号和发票日期(Number and date of invoice)

填写商业发票的号码与日期,要求与商业发票同类显示内容完全一致。

在POCIB中,发票号码见商业发票中的"NO.";发票日期见商业发票中的"DATE",为避免月份、日期的误解,月份一律用英文简写或全称表示。

12. 签证证明(Certification)

此栏由签发此证的海关盖章、授权人手签,并填列出证日期和地点。

注意:本证书只在正本上签章,不签署副本。签发日期不得早于第10栏发票日期和第12栏的申报日期,也不得晚于提单的装运日期。手签人的字迹必须清楚,手签与签证章在证面上的位置不得重叠。

13. 进口国别

填写进口国英文名称。

14. 出口商申报(Declaration by the exporter)

出口商声明、签字、盖章栏。出口商在申明中的进口国横线上填写的国名一定要正确。

进口国一般与最终收货人或目的港的国别一致。如果难以确定,以第3栏目的港国别为准。凡货物运往欧盟15国范围内,进口国不明确时,进口国可填 E. U.;申请单位的手签人员应在此栏签字,加盖中、英文对照的印章。

注意:填写时必须包括出口港(或者出口国)及符合日期格式的日期,且该日期必须在合同日期之后。

(四) 一般原产地证明书的填制

一般原产地证明书(样本见图 7-2)是证明货物原产于某一特定国家或地区,享受进口国正常关税(最惠国)待遇的证明文件。在我国,一般原产地证明书(简称 C/O)是证明出口货物的原产地为中华人民共和国的证明文件。外贸企业出口商品到非给惠国或出口非给惠商品到给惠国,可向海关或中国国际贸易促进委员会(CCPIT)申请签发一般原产地证明书。

一般原产地证明书的签证程序包括两步:首先,注册登记与审核,需提交营业执照复印件一份、企业进出口经营权文件复印件一份、《申请一般原产地证明书注册登记表》一式两份;其次,办理一般原产地证明书,须在货物出运前三天向签证机构申请办理,并提交《中华人民共和国出口货物原产地证明书/加工装配证明书申请书》一份、《中华人民共和国出口货物原产地证明书》一式四份、出口货物商业发票其他证明文件。

一般原产地证明书的填写方法及注意事项与前面已详细介绍的普惠制产地证明书的内容基本一致,这里不再重复,仅将几处有区别的栏目做简单说明。

(1) 第4栏,目的地国/地区(Country/Region of Destination)。此栏仅填写货物最终运抵目的地的国家或地区名。

(2) 第5栏,仅供签证机构使用(For certifying authority use only)。正常情况下,出口公司应将此栏留空,由签证机构根据需要在此加注。

(3) 第8栏,海关协调制度编码(H. S. Code)。商品的 H. S. 编码,即《商品分类和编码协调制度》为不同类的商品加列的商检顺序号。在 POCIB 中,商品海关编码可在"城市中心"的"国内工厂"中的商品基本资料中查找。

(4) 第11栏与第12栏,即出口商声明(Declaration by the exporter)与证明(Certification),一般原产地证明书与普惠制原产地证明书中这两栏的位置往往正好相反,在填制时要注意。

二、实训指导 7-2

出口商(蓝海公司)申请产地证(如果进口国为美国,须申请一般原产地证书;其他国家可申请普惠制产地证)具体操作流程如下。

(1) 出口商(蓝海公司)在单据中心添加"普惠制产地证"并填写。

(2) 单据填写完成后,出口商(蓝海公司)在"城市中心"里点击"海关(检验检疫)",在弹出的页面点击"申请证明",选择合同为该笔合同。

(3) 出口商(蓝海公司)添加单据(普惠制产地证、商业发票、装箱单),然后点击"办理",完成证书申请。等待一段时间后,将收到海关发来的证书申请已完成的通知,在单据中心里可看到海关盖章签发的"普惠制原产地证",如图 7-3 所示。

任务三　出口报关

一、理论知识

报关是指进出口货物收发货人、进出境运输工具负责人、进出境物品所有人或者他们的代理人向海关办理货物、物品或运输工具进出境手续及相关海关事务的过程,包括向海关申报、交验单据证件,并接受海关的监管和检查等。《中华人民共和国海关法》规定:"进出境运输工具、货物、物品,必须通过设立海关的地点进境或者出境。"因此,由设立海关的地点进出境并办理规定的海关手续是运输工具、货物、物品进出境的基本规则,也是进出境运输工具负责人、进出口货物收发货人、进出境物品的所有人应履行的一项基本义务。

(一) 出口报关的概念

货物出运前的最后一个步骤是向海关办理出口通关(Export Customs Clearance)手续。货物或运输工具出境时,其发货人或代理人必须按规定将货物送进海关指定的集装箱场、集装箱集散站或码头仓库,向出境口岸海关请求申报,交验规定的证件和单据,接受海关人员对其所报货物和运输工具的查验,依法缴纳海关关税和其他由海关代征的税款,然后才能由海关批准货物和运输工具的放行。放行后,出口商方可办理货物出口装船事宜。

(二) 出口通关的流程

出口通关流程可分为申报、查验、征税、放行四个步骤。

1. 申报

申报,即通常所说的"报关"。它是指进出境运输工具的负责人、进出口货物和物品的收发货人或者他们的代理人,在进出口货物通过海关监管的口岸时,在海关规定的期限内,以书面或者电子数据交换(EDI)方式向海关报告其进出口货物的情况,并随附有关货运和商业单据,申请海关审查放行,并对所报告内容的真实性、准确性承担法律责任的行为。

出口货物应当在出口货物运抵海关监管区后、在装货的 24 小时之前向海关申报。否则,海关可以拒绝接受通关申报。办理报关时应提交以下单证。

(1) 由报关员自行填写或由自动化报关预录入人员录入后打印的报关单一式多份,其所需份数根据各部门需要而定,出口退税时加填一份黄色出口退税专用报关单。

(2) 出口许可证(export permit,E/P):出口货物属于国家限制出口或配额出口的,应提供出口许可证件或其他证明文件。

(3) 商业发票(commercial invoice)。

(4) 装箱单(packing list)：货物打包装箱时，应将每件净重、毛重、数量等货物包装情形做成包装单，供海关查验核对。散货或单一包装货物可免附。

(5) 海关认为必要时，还应提交出口合同和信用证的复印件等单证。

2．查验

货物查验即验关，它是指海关在接受报关单位的报关员的申报后，依法为确定进出境货物、运输工具和物品的性质、原产地、货物状况、数量和价值是否与报关单上已填写的内容相符，对货物实施检查的行政执法行为。通过对货物的查验可防止以次充好、非法进出及走私、违规、逃漏关税等的发生，保证关税依率计征，维护对外贸易正常开展。

进出口的货物，除因特殊原因经海关总署特准免验的以外，均应接受海关的查验，查验进出口货物，应当在海关规定的时间和场所进行，一般在海关监管区的进出口岸码头、车站、机场、邮局或海关的其他监管场所。对进出口大宗散货、危险品、鲜活品，经申请可在作业现场予以查验。在特殊情况下，经申请，海关审核同意，也可派员按规定的时间到规定场所以外的工厂、仓库或施工工地查验货物，并按规定收取规费。

3．征税

出口关税是海关根据国家的有关政策、法规对出口货物征收的，主要目的是控制一些商品的盲目出口。目前除少数商品外，大部分货物出口是免征关税的。

我国关税一般采用从价税，是以出口货物的离岸价格作为完税价格计税，以应征税额占货物完税价格的百分比作为税率。其计算公式为：

$$出口关税税额 = 出口货物完税价格 \times 出口关税税率$$

其中

$$出口货物完税价格 = 离岸价格\ FOB/FCA \div (1 + 出口关税税率)$$

出口货物完税价格是以海关审定的货物离岸价格扣除出口关税后的价格，当出口商品是以 CIF/CIP 或 CFR/CPT 术语成交时，海关在计算税额时，先将运费或保险费扣除换算为 FOB/FCA 价格后，再计算出口税额。

纳税义务人应当在海关填具税款缴纳证后的规定时间内向指定银行缴纳税款，逾期缴纳的，除依法追缴外，由海关按规定收取滞纳金。

4．放行

放行是海关接受出口货物的申报，经过审核报关单据、查验货物、依法征收税费后，对出口货物做出结束海关现场监管决定的行为。

放行的手续包括以下两点。

(1) 签印放行。对于一般出口货物，在发货人或其代理人如实向海关申报，并如数缴纳应缴税款和有关规费后，海关在货物的出口货运单据或特制的放行条上签盖"海关放行章"，出口货物的发货人凭此装船启运出境。

(2) 签发出口退税专用报关单。对需出口退税的货物，出口货物的发货人应在向海关申报出口时，增附一份浅黄色的出口退税专用报关单。海关放行后，在该报关单上加盖"验讫章"，退回报关单位，用以送交税务机关办理退税。

海关放行后，出口商即可办理货物装运。

（三）出口货物报关单的填制

出口货物报关单是出口商向海关申报出口的重要单据，也是海关直接监督出口行为、核准货物放行及对出口货物汇总统计的原始资料，直接决定了出口外销活动的合法性。出口商填制的报关单是海关预录入的依据，如果填写的内容与相关商业发票或实际交付的货物不符或不齐全，直接影响货物的进出口。出口货物报关单由中华人民共和国海关总署统一印制，如图7-6所示，填制说明如下。

图7-6　出口货物报关单

1. 预录入编号

预录入编号指预录入报关单的编号，一份报关单对应一个预录入编号，由系统自动生成。

报关单预录入编号由18位数字和字母组成，其中，第1～4位为接受申报海关的代码（海关规定的《关区代码表》中相应海关代码），第5～8位为录入时的公历年份，第9位为进出口标志（"1"为进口，"0"为出口；集中申报清单"I"为进口，"E"为出口），后9位为顺序编号。

在POCIB中，此栏可不填。

2. 海关编号

海关编号指海关接受申报时给予报关单的编号，一份报关单对应一个海关编号，由系统自动生成。

报关单海关编号由18位数字和字母组成，其中，第1～4位为接受申报海关的代码（海关规定的《关区代码表》中相应海关代码），第5～8位为海关接受申报的公历年份，第9位为进出口标志（"1"为进口，"0"为出口；集中申报清单"I"为进口，"E"为出口），后9位为顺序编号。

在POCIB中，此栏可不填。

3．境内发货人

填报在海关备案的对外签订并执行进出口贸易合同的中国境内法人、其他组织名称及编码。编码填报18位的法人和其他组织统一社会信用代码,没有统一社会信用代码的,填报其在海关的备案编码。

特殊情况下填报要求如下。

(1)进出口货物合同的签订者和执行者非同一企业的,填报执行合同的企业。

(2)外商投资企业委托进出口企业进口投资设备、物品的,填报外商投资企业,并在标记唛码及备注栏注明"委托某进出口企业进口",同时注明被委托企业的18位的法人和其他组织统一社会信用代码。

(3)有代理报关资格的报关企业代理其他进出口企业办理进出口报关手续时,填报委托的进出口企业。

(4)海关特殊监管区域收发货人填报该货物的实际经营单位或海关特殊监管区域内经营企业。

在POCIB中,境内发货人统一社会信用代码可在公司基本资料中查找。此栏填写出口商公司中文名称及统一社会信用代码。例如:中国蓝海国际贸易有限公司,913320010000001260。

4．出境关别

根据货物实际进出境的口岸海关,填报海关规定的《关区代码表》中相应口岸海关的名称及代码。

特殊情况填报要求如下:

(1)进口转关运输货物填报货物进境地海关名称及代码。

(2)出口转关运输货物填报货物出境地海关名称及代码。

(3)按转关运输方式监管的跨关区深加工结转货物,出口报关单填报转地海关名称及代码,进口报关单填报转入地海关名称及代码。

(4)在不同海关特殊监管区域或保税监管场所之间调拨、转让的货物,填报对方海关特殊监管区域或保税监管场所所在的海关名称及代码。

(5)其他无实际进出境的货物,填报接受申报的海关名称及代码。

在POCIB中,此栏应填写"出口港口名称+海关",例如,上海海关。

5．出口日期

出口日期指运载出口货物的运输工具办结出境手续的日期,在申报时免予填报。无实际进出境的货物,填报海关接受申报的日期。

出口日期为8位数字,顺序为年(4位)、月(2位)、日(2位)。

在POCIB中,此栏填写货物实际出口日期,并写成日期格式。例如:2023-05-31。

6．申报日期

申报日期指海关接受进出口货物收发货人、受委托的报关企业申报数据的日期。以电子数据报关单方式申报的,申报日期为海关计算机系统接受申报数据时记录的日期。以纸质报关单方式申报的,申报日期为海关接受纸质报关单并对报关单进行登记处理的日期。本栏目在申报时免予填报。

申报日期为8位数字,顺序为年(4位)、月(2位)、日(2位)。

在POCIB中,此栏填写出口商实际向海关申请出口报关的日期,并写成日期格式。例如:2023-05-31。

7. 备案号

填报进出口货物收发货人、消费使用单位、生产销售单位在海关办理加工贸易合同备案或征、减、免税审核确认等手续时,海关核发的《加工贸易手册》海关特殊监管区域和保税监管场所保税账册、《征免税证明》或其他备案审批文件的编号。

其一份报关单只允许填报一个备案号。具体填报要求如下。

(1) 加工贸易项下货物,除少量低值辅料按规定不使用《加工贸易手册》及以后续补税监管方式办理内销征税的外,填报《加工贸易手册》编号。

使用异地直接报关分册和异地深加工结转出口分册在异地口岸报关的,填报分册号;本地直接报关分册和本地深加工结转分册限制在本地报关,填报总册号。

加工贸易成品凭《征免税证明》转为减免税进口货物的,进口报关单填报《征免税证明》编号,出口报关单填报《加工贸易手册》编号。

对加工贸易设备、使用账册管理的海关特殊监管区域内减免税设备之间的结转,转入和转出企业分别填制进、出口报关单,在报关单"备案号"栏目填报《加工贸易手册》编号。

(2) 涉及征、减、免税审核确认的报关单,填报《征免税证明》编号。

(3) 减免税货物退运出口,填报《中华人民共和国海关进口减免税货物准予退运证明》的编号;减免税货物补税进口,填报《减免税货物补税通知书》的编号;减免税货物进口或结转进口(转入),填报《征免税证明》的编号;相应的结转出口(转出),填报《中华人民共和国海关进口减免税货物结转联系函》的编号。

在POCIB中,此栏可不填。

8. 境外收货人

境外收货人通常指签订并执行出口贸易合同中的买方或合同指定的收货人,境外发货人通常指签订并执行进口贸易合同中的卖方。

填报境外收货人的名称及编码。名称一般填报英文名称,检验检疫要求填报其他外文名称的,在英文名称后填报,以半角括号分隔;对于AEO互认国家(地区)企业的,编码填报AEO编码,填报样式按照海关总署发布的相关公告要求填报(如新加坡AEO企业填报样式为:SG123456789012,韩国AEO企业填报样式为KR1234567,具体见相关公告要求);非互认国家(地区)AEO企业等其他情形,编码免于填报。

特殊情况下无境外收发货人的,名称及编码填报"NO"。

在POCIB中,境外收货人应填写进口商的英文公司名称,可在合同中查找。例如:Brazil Green River International Trading Co.,Ltd.。

9. 运输方式

运输方式包括实际运输方式和海关规定的特殊运输方式,前者指货物实际进出境的运输方式,按进出境所使用的运输工具分类;后者指货物无实际进出境的运输方式,按货物在境内的流向分类。

根据货物实际进出境的运输方式或货物在境内流向的类别,按照海关规定的《运输方式代码表》选择填报相应的运输方式。

(1) 特殊情况填报要求如下。

①非邮件方式进出境的快递货物,按实际运输方式填报。

②进口转关运输货物按载运货物抵达进境地的运输工具填报;出口转关运输货物按载运货物驶离出境地的运输工具填报。

③不复运出(入)境而留在境内(外)销售的进出境展览品、留赠转卖物品等,填报"其他运输"(代码9)。

④进出境旅客随身携带的货物,填报"旅客携带"(代码L)。

⑤以固定设施(包括输油、输水管道和输电网等)运输货物的,填报"固定设施运输"(代码G)。

(2)无实际进出境货物在境内流转时填报要求如下。

①境内非保税区运入保税区货物和保税区退区货物,填报"非保税区"(代码0)。

②保税区运往境内非保税区货物,填报"保税区"(代码7)。

③境内存入出口监管仓库和出口监管仓库退仓货物,填报"监管仓库"(代码1)。

④保税仓库转内销货物或转加工贸易货物,填报"保税仓库"(代码8)。

⑤从境内保税物流中心外运入中心或从中心运往境内中心以外的货物,填报"物流中心"(代码W)。

⑥从境内保税物流园区外运入园区或从园区内运往境内园区以外的货物,填报"物流园区"(代码X)。

⑦保税港区、综合保税区与境内(区外)(非海关特殊监管区域、保税监管场所)之间进出的货物,填报"保税港区/综合保税区"(代码Y)。

⑧出口加工区、珠澳跨境工业区(珠海园区)、中哈霍尔果斯边境合作区(中方配套区)与境内(区外)(非海关特殊监管域、保税监管场所)之间进出的货物,填报"出口加工区"(代码Z)。

⑨境内运入深港西部通道港方口岸区的货物,填报"边境特殊海关作业区"(代码H)。

⑩经横琴新区和平潭综合实验区(以下简称综合试验区)二线指定申报通道运往境内(区外)或从境内经二线指定申报通道进入综合试验区的货物,以及综合试验区内按选择性征收关税申报的货物,填报"综合试验区"(代码T)。

⑪海关特殊监管区域内的流转、调拨货物,海关特殊监管区域、保税监管场所之间的流转货物,海关特殊监管区域与境内(区外)之间进出的货物,海关特殊监管区域外的加工贸易余料结转、深加工结转、内销货物,以及其他境内流转货物,填报"其他运输"(代码9)。

在POCIB中,如果是海运,填写"江海运输";如果是空运,填写"航空运输"。

10. 运输工具名称及航次号

填报载运货物进出境的运输工具名称或编号及航班号。填报内容应与运输部门向海关申报的舱单(载货清单)所列相应内容一致。

(1)运输工具名称具体填报要求如下。

①直接在进出境地或采用全国通关一体化通关模式办理报关手续的报关单填报要求有以下几点。

A. 水路运输:填报船舶编号(来往港澳小型船舶为监管簿编号)或者船舶英文名称。

B. 公路运输:启用公路舱单前,填报该跨境运输车辆的国内行驶车牌号,深圳提前报关模式的报关单填报国内行驶车牌号+"/"+"提前报关"。启用公路舱单后,免予填报。

C. 铁路运输:填报车厢编号或交接单号。

D. 航空运输:填报航班号。

E. 邮政运输:填报邮政包裹单号。

F. 其他运输:填报具体运输方式名称,例如:管道、驮畜等。

②转关运输货物的报关单填报要求如下。

A. 水路运输:非中转填报"@"+16位转关申报单预录入号(或13位载货清单号)。如多张报关单需要通过一张转关单转关的,运输工具名称字段填报"@"。

中转货物,境内水路运输填报驳船船名;境内铁路运输填报车名(主管海关4位关区代码+"TRAIN");境内公路运输填报车名(主管海关4位关区代码+"TRUCK")。

B. 铁路运输:填报"@"+16位转关申报单预录入号(或13位载货清单号),如多张报关单需要通过一张转关单转关的,填报"@"。

C. 航空运输:填报"@"+16位转关申报单预录入号(或13位载货清单号),如多张报关单需要通过一张转关单转关的,填报"@"。

D. 其他运输方式:填报"@"+16位转关申报单预录入号(或13位载货清单号)。

③采用"集中申报"通关方式办理报关手续的,报关单填报"集中申报"。

④无实际进出境的货物,免予填报。

(2)航班号具体填报要求如下。

①直接在进出境地或采用全国通关一体化通关模式办理报关手续的报关单。

A. 水路运输:填报船舶的航次号。

B. 公路运输:启用公路舱单前,填报运输车辆的8位进出境日期[顺序为年(4位)、月(2位)、日(2位),下同]。启用公路舱单后,填报货物运输批次号。

C. 铁路运输:填报列车的进出境日期。

D. 航空运输:免予填报。

E. 邮政运输:填报运输工具的进出境日期。

F. 其他运输方式:免予填报。

②转关运输货物的报关单。

A. 水路运输:非中转货物免予填报。中转货物:境内水路运输填报驳船航次号;境内铁路、公路运输填报6位启运日期[顺序为年(2位)、月(2位)、日(2位)]。

B. 铁路拼车拼箱捆绑出口:免予填报。

C. 航空运输:免予填报。

D. 其他运输方式:免予填报。

③无实际进出境的货物,免予填报。

在POCIB中,如采用海运方式,运输工具名称将在订舱后由船公司在"配舱回单"中给出,填写时可在"配舱回单"中复制船名航次,例如TBA011W;如采用空运方式,可于订舱后在"进仓通知单"中复制航班号填写。

11. **提运单号**

填报进出口货物提单或运单的编号。一份报关单只允许填报一个提单或运单号,一票货物对应多个提单或运单时,应分单填报。具体填报要求如下。

(1)直接在进出境地或采用全国通关一体化通关模式办理报关手续的。

①水路运输:填报进出口提单号。如有分提单的,填报进出口提单号+"*"+分提单号。

②公路运输:启用公路舱单前,免予填报;启用公路舱单后,填报进出口总运单号。
③铁路运输:填报运单号。
④航空运输:填报总运单号+"_"+分运单号,无分运单的填报总运单号。
⑤邮政运输:填报邮运包裹单号。

(2) 转关运输货物的报关单。
①水路运输:中转货物填报提单号;非中转货物免予填报;广东省内汽车运输提前报关的转关货物,填报承运车辆的车牌号。
②其他运输方式:免予填报。广东省内汽车运输提前报关的转关货物,填报承运车辆的车牌号。

(3) 采用"集中申报"通关方式办理报关手续的,报关单填报归并的集中申报清单的进出口起止日期[均按年(4位)、月(2位)、日(2位)]。

(4) 无实际进出境的货物,免予填报。

在POCIB中,如果是海运,此栏无须填写;如果是空运,此栏应填写航空运单编号。

12. 生产销售单位

生产销售单位填报出口货物在境内的生产或销售单位的名称,包括:

(1) 自行出口货物的单位。

(2) 委托进出口企业出口货物的单位。

减免税货物报关单的消费使用单位/生产销售单位应与《中华人民共和国海关进出口货物征免税证明》(以下简称《征免税证明》)的"减免税申请人"一致;保税监管场所与境外之间的进出境货物,消费使用单位/生产销售单位填报保税监管场所的名称[保税物流中心(B型)填报中心内企业名称]。

海关特殊监管区域的消费使用单位/生产销售单位填报区域内经营企业("加工单位"或"仓库")。

编码填报要求:①填报18位的法人和其他组织统一社会信用代码;②无18位的统一社会信用代码的,填报"NO"。

进口货物在境内的最终消费或使用以及出口货物在境内的生产或销售的对象为自然人的,填报身份证号、护照号、台胞证号等有效证件号码及姓名。

在POCIB中,生产销售单位统一社会信用代码可在公司基本资料中查找,此栏目应填写出口商公司中文名称及统一社会信用代码。例如:中国蓝海国际贸易有限公司,913320010000001260。

13. 监管方式

监管方式是以国际贸易中进出口货物的交易方式为基础,结合海关对进出口货物的征税、统计及监管条件综合设定的海关对进出口货物的管理方式。其代码由四位数字构成,前两位是按照海关监管要求和计算机管理需要划分的分类代码,后两位是参照国际标准编制的贸易方式代码。

根据实际对外贸易情况按海关规定的《监管方式代码表》选择填报相应的监管方式简称及代码。一份报关单只允许填报一种监管方式。

特殊情况下加工贸易货物监管方式填报要求如下。

(1) 进口少量低值辅料(即5000美元以下,78种以内的低值辅料)按规定不使用《加工贸易手册》的,填报"低值辅料"。使用《加工贸易手册》的,按《加工贸易手册》上的监管方式填报。

(2) 加工贸易料件转内销货物以及按料件办理进口手续的转内销制成品、残次品、未完成品,填制进口报关单,填报"来料料件内销"或"进料料件内销";加工贸易成品凭《征免税证明》转为减免税进口货物的,分别填制进、出口报关单,出口报关单填报"来料成品减免"或"进料成品减免",进口报关单按照实际监管方式填报。

(3) 加工贸易出口成品因故退运进口及复运出口的,填报"来料成品退换"或"进料成品退换";加工贸易进口料件因换料退运出口及复运进口的,填报"来料料件退换"或"进料料件退换";加工贸易过程中产生的剩余料件、边角料退运出口,以及进口料件因品质、规格等原因退运出口且不再更换同类货物进口的,分别填报:"来料料件复出""来料边角料复出""进料料件复出""进料边角料复出"。

(4) 加工贸易边角料内销和副产品内销,填制进口报关单,填报"来料边角料内销"或"进料边角料内销"。

(5) 企业销毁处置加工贸易货物未获得收入,销毁处置货物为料件、残次品的,填报"料件销毁";销毁处置货物为边角料、副产品的,填报"边角料销毁"。

企业销毁处置加工贸易货物获得收入的,填报"进料边角料内销"或"来料边角料内销"。

在POCIB中,货物进出口通常都为一般贸易,在《贸易方式代码表》中对应的代码为0110,因此本栏可填"一般贸易"。

14. **征免性质**

根据实际情况按海关规定的《征免性质代码表》选择填报相应的征免性质简称及代码,持有海关核发的《征免税证明》的,按照《征免税证明》中批注的征免性质填报。一份报关单只允许填报一种征免性质。

加工贸易货物报关单按照海关核发的《加工贸易手册》中批注的征免性质简称及代码填报。特殊情况填报要求如下。

(1) 加工贸易转内销货物,按实际情况填报(如一般征税、科教用品、其他法定等)。

(2) 料件退运出口、成品退运进口货物填报"其他法定"(代码299)。

(3) 加工贸易结转货物,免予填报。

在POCIB中,货物通常都适用于一般征税,因此本栏可填"一般征税"。

15. **许可证号**

填报进(出)口许可证、两用物项和技术进(出)口许可证、两用物项和技术出口许可证(定向)、纺织品临时出口许可证、出口许可证(加工贸易)、出口许可证(边境小额贸易)的编号。一份报关单只允许填报一个许可证号。

在POCIB中,此栏不用填。

16. **合同协议号**

填报进出口货物合同(包括协议或订单)编号。未发生商业性交易的免予填报。

在POCIB中,此栏应填写合同号。

17. **贸易国(地区)**

发生商业性交易的进口填报购自国(地区),出口填报售予国(地区)。未发生商业性交易的填报货物所有权拥有者所属的国家(地区)。

按海关规定的《国别(地区)代码表》选择填报相应的贸易国(地区)中文名称及代码。

在POCIB中,贸易国(地区)应选择进口商所在的国家。

18．运抵国（地区）

运抵国(地区)填报出口货物离开我国关境直接运抵或者在运输中转国(地区)未发生任何商业性交易的情况下最后运抵的国家(地区)。

不经过第三国(地区)转运的直接运输进出口货物,以进口货物的装货港所在国(地区)为启运国(地区),以出口货物的指运港所在国(地区)为运抵国(地区)。

经过第三国(地区)转运的进出口货物,如在中转国(地区)发生商业性交易,则以中转国(地区)作为启运/运抵国(地区)。

按海关规定的《国别(地区)代码表》选择填报相应的启运国(地区)或运抵国(地区)中文名称及代码。

无实际进出境的货物,填报"中国"及代码。

在POCIB中,运抵国(地区)应选择进口商所在的国家。

19．指运港

指运港填报出口货物运往境外的最终目的港；最终目的港不可预知的,按尽可能预知的目的港填报。

根据实际情况,按海关规定的《港口代码表》选择填报相应的港口名称及代码。经停港/指运港在《港口代码表》中无港口名称及代码的,可选择填报相应的国家名称及代码。

无实际进出境的货物,填报"中国境内"及代码。

在POCIB中,应选择合同规定的目的港。

20．离境口岸

离境口岸填报装运出境货物的跨境运输工具离境的第一个境内口岸的中文名称及代码；采取多式联运跨境运输的,填报多式联运货物最初离境的境内口岸中文名称及代码；过境货物填报货物离境的第一个境内口岸的中文名称及代码；从海关特殊监管区域或保税监管场所出境的,填报海关特殊监管区域或保税监管场所的中文名称及代码。其他无实际出境的货物,填报货物所在地的城市名称及代码。

入境口岸/离境口岸类型包括港口、码头、机场、机场货运通道、边境口岸、火车站、车辆装卸点、车检场、陆路港、坐落在口岸的海关特殊监管区域等。按海关规定的《国内口岸编码表》选择填报相应的境内口岸名称及代码。

在POCIB中,应选择出口装运港。

21．包装种类

填报进出口货物的所有包装材料,包括运输包装和其他包装,按海关规定的《包装种类代码表》选择填报相应的包装种类名称及代码。运输包装指提运单所列货物件数单位对应的包装,其他包装包括货物的各类包装,以及植物性铺垫材料等。

在POCIB中,货物包装种类可进入"城市中心"的"工厂",在商品基本资料里查找"包装单位/包装种类",如"纸箱"。

22．件数

填报进出口货物运输包装的件数(按运输包装计)。特殊情况填报要求如下:

(1)舱单件数为集装箱的,填报集装箱个数。

(2) 舱单件数为托盘的,填报托盘数。

不得填报为零,裸装货物填报为"1"。

在POCIB中,本栏应填入包装总件数(总销售数量÷单位包装数,计算结果进位取整)。

注:如果装箱单填写正确,此处填写可直接参考装箱单填写的包装数量。

23. 毛重

填报进出口货物及其包装材料的重量之和,计量单位为KG,不足1 KG的填报为"1"。

在POCIB中,总毛重计算方法可查看国内工厂网站中"商品相关计算方法"。如果装箱单填写正确,此处填写可直接参考装箱单。

24. 净重

填报进出口货物的毛重减去外包装材料后的重量,即货物本身的实际重量,计量单位为KG,不足1 KG的填报为"1"。

在POCIB中,总净重计算方法可查看国内工厂网站中"商品相关计算方法"。如果装箱单填写正确,此处可直接参考装箱单。

25. 成交方式

根据进出口货物实际成交价格条款,按海关规定的《成交方式代码表》选择填报相应的成交方式代码。无实际进出境的货物,进口填报CIF,出口填报FOB。

在POCIB中,有三种成交方式可用,它们在《成交方式代码表》中对应的代码分别为:

(1) 如果是CIF或CIP,填写"CIF"。

(2) 如果是CFR或CPT,填写"C&F"。

(3) 如果是FOB或FCA,填写"FOB"。

26. 运费

填报进口货物运抵我国境内输入地点起卸前的运输费用,出口货物运至我国境内输出地点装载后的运输费用。

运费可按运费单价、总价或运费率三种方式之一填报,注明运费标记(运费标记"1"表示运费率,"2"表示每吨货物的运费单价,"3"表示运费总价),并按海关规定的《货币代码表》选择填报相应的币种代码。

在POCIB中,如果是CIF、CFR、CIP、CPT,本栏统一以运费总价填报,可先完成订舱步骤且配舱通知已签发后再填写;如果是FOB或FCA,则不用填写。

本栏填写内容分为三个部分。

(1) 币别代码:运费都是以美元计算的,所以都填"502"。

(2) 运费金额:海运方式订舱完成后在"国际海运委托书"中查找,空运方式订舱完成后在"国际空运委托书"中查找。

(3) 运费标记:填"3"。

27. 保费

填报进口货物运抵我国境内输入地点起卸前的保险费用,出口货物运至我国境内输出地点装载后的保险费用。

保费可按保险费总价或保险费率两种方式之一填报,注明保险费标记(保险费标记"1"表示保险费率,"3"表示保险费总价),并按海关规定的《货币代码表》选择填报相应的币种代码。

在POCIB中,CIF、CIP方式本栏统一以保险费总价填报,应先完成投保步骤且保单已签发后再填写;如果是FOB、CFR、FCA、CPT,则不用填写。

本栏填写内容分为三个部分。

(1) 币别代码:保险费是按各国本位币计算的,所以,此处填本位币的代码,在海关的机构网站的"币制代码表"里查询(进入"城市中心",点海关,点"访问网站")。例如,美元是"502"。

(2) 保费:可在货物运输保险单或货物运输投保单中查找。

(3) 保费标记:填"3"。

28. 杂费

填报成交价格以外的、按照《中华人民共和国进出口关税条例》相关规定应计入完税价格或应从完税价格中扣除的费用。可按杂费总价或杂费率两种方式之一填报,注明杂费标记(杂费标记"1"表示杂费率,"3"表示杂费总价),并按海关规定的《货币代码表》选择填报相应的币种代码。

应计入完税价格的杂费填报为正值或正率,应从完税价格中扣除的杂费填报为负值或负率。

在POCIB中,此栏不用填。

29. 随附单据及编号

根据海关规定的《监管证件代码表》和《随附单据代码表》选择填报除本规范第十六条规定的许可证件以外的其他进出口许可证件或监管证件、随附单据代码及编号。

本栏目分为随附单证代码和随附单证编号两栏,其中代码栏按海关规定的《监管证件代码表》和《随附单据代码表》选择填报相应证件代码;随附单证编号栏填报证件编号。

(1) 加工贸易内销征税报关单,随附单证代码栏填报"C",随附单证编号栏填报海关审核通过的内销征税联系单号。

(2) 一般贸易进出口货物,只能使用原产地证书申请享受协定税率或者特惠税率(以下统称优惠税率)的(无原产地声明模式),"随附单证代码"栏填报原产地证书代码"Y",在"随附单证编号"栏填报"<优惠贸易协定代码>"和"原产地证书编号"。可以使用原产地证书或者原产地声明申请享受优惠税率的(有原产地声明模式),"随附单证代码"栏填写"Y","随附单证编号"栏填报"<优惠贸易协定代码>"、"C"(凭原产地证书申报)或"D"(凭原产地声明申报),以及"原产地证书编号(或者原产地声明序列号)"。一份报关单对应一份原产地证书或原产地声明。各优惠贸易协定代码如下:

"01"为"亚太贸易协定";

"02"为"中国-东盟自贸协定";

"03"为"内地与香港紧密经贸关系安排"(香港CEPA);

"04"为"内地与澳门紧密经贸关系安排"(澳门CEPA);

"06"为"台湾农产品零关税措施";

"07"为"中国-巴基斯坦自贸协定";

"08"为"中国-智利自贸协定";

"10"为"中国-新西兰自贸协定";

"11"为"中国-新加坡自贸协定";

"12"为"中国-秘鲁自贸协定";

"13"为"最不发达国家特别优惠关税待遇";

"14"为"海峡两岸经济合作框架协议(ECFA)";

"15"为"中国-哥斯达黎加自贸协定";

"16"为"中国-冰岛自贸协定";

"17"为"中国-瑞士自贸协定";

"18"为"中国-澳大利亚自贸协定";

"19"为"中国-韩国自贸协定";

"20"为"中国-格鲁吉亚自贸协定"。

海关特殊监管区域和保税监管场所内销货物申请适用优惠税率的,有关货物进出海关特殊监管区域和保税监管场所以及内销时,已通过原产地电子信息交换系统实现电子联网的优惠贸易协定项下货物报关单,按照上述一般贸易要求填报;未实现电子联网的优惠贸易协定项下货物报关单,"随附单证代码"栏填报"Y","随附单证编号"栏填报"<优惠贸易协定代码>"和"原产地证据文件备案号"。"原产地证据文件备案号"为进出口货物的收发货人或者其代理人录入原产地证据文件电子信息后,系统自动生成的号码。

向香港或者澳门特别行政区出口用于生产香港CEPA或者澳门CEPA项下货物的原材料时,按照上述一般贸易填报要求填制报关单,香港或澳门生产厂商在香港工贸署或者澳门经济局登记备案的有关备案号填报在"关联备案"栏。

"单证对应关系表"中填报报关单上的申报商品项与原产地证书(原产地声明)上的商品项之间的对应关系。报关单上的商品序号与原产地证书(原产地声明)上的项目编号应一一对应,不要求顺序对应。同一批次进口货物可以在同一报关单中申报,不享受优惠税率的货物序号不填报在"单证对应关系表"中。

(3) 各优惠贸易协定项下,免提交原产地证据文件的小金额进口货物"随附单证代码"栏填报"Y","随附单证代码"栏填报"<协定编号>XJE00000","单证对应关系表"享惠报关单项号按实际填报,对应单证项号与享惠报关单项号相同。

在POCIB中,此栏可以不填。

30. 标记唛码及备注

填报要求如下。

(1) 标记唛码中除图形以外的文字、数字,无标记唛码的填报"N/M"。

(2) 受外商投资企业委托代理其进口投资设备、物品的进出口企业名称。

(3) 与本报关单有关联关系的,同时在业务管理规范方面又要求填报的备案号,填报在电子数据报关单中"关联备案"栏。

保税间流转货物、加工贸易结转货物及凭《征免税证明》转内销货物,其对应的备案号填报在"关联备案"栏。

减免税货物结转进口(转入),"关联备案"栏填报本次减免税货物结转所申请的《中华人民共和国海关进口减免税货物结转联系函》的编号。

减免税货物结转出口(转出),"关联备案"栏填报与其相对应的进口(转入)报关单"备案号"栏中《征免税证明》的编号。

(4) 与本报关单有关联关系的,同时在业务管理规范方面又要求填报的报关单号,填报在电子数据报关单中"关联报关单"栏。

保税间流转、加工贸易结转类的报关单,应先办理进口报关,并将进口报关单号填入出口报关单的"关联报关单"栏。

办理进口货物直接退运手续的,除另有规定外,应先填制出口报关单,再填制进口报关单,并将出口报关单号填报在进口报关单的"关联报关单"栏。

减免税货物结转出口(转出),应先办理进口报关,并将进口(转入)报关单号填入出口(转出)报关单的"关联报关单"栏。

(5) 办理进口货物直接退运手续的,填报"＜ZT"+"海关审核联系单号或者《海关责令进口货物直接退运通知书》编号"+"＞"。

(6) 保税监管场所进出货物,在"保税/监管场所"栏填报本保税监管场所编码[保税物流中心(B型)填报本中心的国内地区代码],其中涉及货物在保税监管场所间流转的,在本栏填报对方保税监管场所代码。

(7) 涉及加工贸易货物销毁处置的,填报海关加工贸易货物销毁处置申报表编号。

(8) 当监管方式为"暂时进出货物"(2600)和"展览品"(2700)时,填报要求如下:

①根据《中华人民共和国海关暂时进出境货物管理办法》(海关总署令第233号,以下简称《管理办法》)第三条第一款所列项目,填报暂时进出境货物类别,如:暂进为"六",暂出为"九"。

②根据《管理办法》第十条规定,填报复运出境或者复运进境日期,期限应在货物进出境之日起6个月内,如:20190815前复运进境,20191020前复运出境。

③根据《管理办法》第七条,向海关申请对有关货物是否属于暂时进出境货物进行审核确认的,填报《中华人民共和国××海关暂时进出境货物审核确认书》编号,如:＜ZS海关审核确认书编号＞,其中英文为大写字母;无此项目的,无须填报。

上述内容依次填报,项目间用"/"分隔,前后均不加空格。

④收发货人或其代理人申报货物复运进境或者复运出境的:货物办理过延期的,根据《管理办法》填报《货物暂时进/出境延期办理单》的海关回执编号,如"ZS海关回执编号",其中英文为大写字母;无此项目的,无须填报。

(9) 跨境电子商务进出口货物,填报"跨境电子商务"。

(10) 加工贸易副产品内销,填报"加工贸易副产品内销"。

(11) 服务外包货物进口,填报"国际服务外包进口货物"。

(12) 公式定价进口货物填报公式定价备案号,格式为:"公式定价"+备案编号+"@"。对于同一报关单下有多项商品的,如某项或某几项商品为公式定价备案的,则备注栏内填报"公式定价"+备案编号+"♯"+商品序号+"@"。

(13) 进出口与《预裁定决定书》列明情形相同的货物时,按照《预裁定决定书》填报,格式为"预裁定+《预裁定决定书》编号"(例如,某份预裁定决定书编号为R-2-0100-2020-0001,则填报为"预裁定R-2-0100-2020-0001")。

(14) 含归类行政裁定报关单,填报归类行政裁定编号,格式为"C"+四位数字编号,例如,C0001。

(15) 已经在进入特殊监管区时完成检验的货物,在出区入境申报时,填报"预检验"字样,同时在"关联报检单"栏填报实施预检验的报关单号。

(16) 进口直接退运的货物,填报"直接退运"字样。

(17) 企业提供 ATA 单证册的货物,填报"ATA 单证册"字样。

(18) 不含动物源性低风险生物制品,填报"不含动物源性"字样。

(19) 货物自境外进入境内特殊监管区或者保税仓库的,填报"保税入库"或者"境外入区"字样。

(20) 海关特殊监管区域与境内(区外)之间采用分送集报方式进出的货物,填报"分送集报"字样。

(21) 军事装备出入境的,填报"军品"或"军事装备"字样。

(22) 申报 H. S. 编码为 3821000000、3002300000 的,属于下列情况的,填报要求为:属于培养基的,填报"培养基"字样;属于化学试剂的,填报"化学试剂"字样;不含动物源性成分的,填报"不含动物源性"字样。

(23) 属于修理物品的,填报"修理物品"字样。

(24) 属于下列情况的,填报"压力容器""成套设备""食品添加剂""成品退换""旧机电产品"等字样。

(25) H. S. 编码为 2903890020(入境六溴环十二烷),用途为"其他(99)"的,填报具体用途。

(26) 集装箱体信息填报集装箱号(在集装箱箱体上标示的全球唯一编号)、集装箱规格、集装箱商品项号关系(单个集装箱对应的商品项号,半角逗号分隔)、集装箱货重(集装箱箱体自重+装载货物重量,千克)。

(27) 申报时其他必须说明的事项。

在 POCIB 中,此处应复制合同里的唛头。

31. 项号

分两行填报。第一行填报报关单中的商品顺序编号;第二行填报"备案序号",专用于加工贸易及保税、减免税等已备案、审批的货物,填报该项货物在《加工贸易手册》或《征免税证明》等备案、审批单证中的顺序编号。有关优惠贸易协定项下报关单填制要求按照海关总署相关规定执行。其中,第二行特殊情况填报要求如下。

(1) 深加工结转货物,分别按照《加工贸易手册》中的进口料件项号和出口成品项号填报。

(2) 料件结转货物(包括料件、制成品和未完成品折料),出口报关单按照转出《加工贸易手册》中进口料件的项号填报;进口报关单按照转进《加工贸易手册》中进口料件的项号填报。

(3) 料件复出货物(包括料件、边角料),出口报关单按照《加工贸易手册》中进口料件的项号填报;如边角料对应一个以上料件项号时,填报主要料件项号。料件退换货物(包括料件、不包括未完成品),进出口报关单按照《加工贸易手册》中进口料件的项号填报。

(4) 成品退换货物,退运进境报关单和复运出境报关单按照《加工贸易手册》原出口成品的项号填报。

(5) 加工贸易料件转内销货物(以及按料件办理进口手续的转内销制成品、残次品、未完成品)填制进口报关单,填报《加工贸易手册》进口料件的项号;加工贸易边角料、副产品内销,填报《加工贸易手册》中对应的进口料件项号。如边角料或副产品对应一个以上料件项号时,填报主要料件项号。

(6) 加工贸易成品凭《征免税证明》转为减免税货物进口的,应先办理进口报关手续。进口报关单填报《征免税证明》中的项号,出口报关单填报《加工贸易手册》原出口成品项号,进、出口报关单货物数量应一致。

(7) 加工贸易货物销毁,填报《加工贸易手册》中相应的进口料件项号。

(8) 加工贸易副产品退运出口、结转出口,填报《加工贸易手册》中新增成品的出口项号。

(9) 经海关批准实行加工贸易联网监管的企业,按海关联网监管要求,企业需申报报关清单的,应在向海关申报进出口(包括形式进出口)报关单前,向海关申报"清单"。一份报关清单对应一份报关单,报关单上的商品由报关清单归并而得。加工贸易电子账册报关单中项号、品名、规格等栏目的填制规范比照《加工贸易手册》。

在POCIB中,本栏依序填列商品项目,有几项填几项。如果只有单项商品,仍要列明项目"1"。

32. 产品编号

在POCIB中,本栏应与合同中的"Product No."项一致。

33. 商品编号(H.S.编码)

填报由13位数字组成的商品编号。前8位为《中华人民共和国进出口税则》和《中华人民共和国海关统计商品目录》确定的编码;第9、10位为监管附加编号,第11~13位为检验检疫附加编号。

在POCIB中,海关编码可在"城市中心"的工厂或者国内市场里商品基本资料中查询该商品H.S.编码。

34. 商品名称、规格型号

分两行填报。第一行填报进出口货物规范的中文商品名称,第二行填报规格型号。具体填报要求如下。

(1) 商品名称及规格型号应据实填报,并与进出口货物收发货人或受委托的报关企业所提交的合同、发票等相关单证相符。

(2) 商品名称应当规范,规格型号应当足够详细,以能满足海关归类、审价及许可证件管理要求为准,可参照《中华人民共和国海关进出口商品规范申报目录》中对商品名称、规格型号的要求进行填报。

(3) 已备案的加工贸易及保税货物,填报的内容必须与备案登记中同项号下货物的商品名称一致。

(4) 对需要海关签发《货物进口证明书》的车辆,商品名称栏填报"车辆品牌+排气量(注明cc)+车型(如越野车、小轿车等)"。进口汽车底盘不填报排气量。车辆品牌按照《进口机动车辆制造厂名称和车辆品牌中英文对照表》中"签注名称"一栏的要求填报。规格型号栏可填报"汽油型"等。

(5) 由同一运输工具同时运抵同一口岸并且属于同一收货人、使用同一提单的多种进口货物,按照商品归类规则应当归入同一商品编号的,应当将有关商品一并归入该商品编号。商品名称填报一并归类后的商品名称;规格型号填报一并归类后商品的规格型号。

(6) 加工贸易边角料和副产品内销、边角料复出口,填报其报验状态的名称和规格型号。

(7) 进口货物收货人以一般贸易方式申报进口属于《需要详细列名申报的汽车零部件清单》(海关总署 2006 年第 64 号公告)范围内的汽车生产件的,按以下要求填报。

①商品名称填报进口汽车零部件的详细中文商品名称和品牌,中文商品名称与品牌之间用"/"相隔,必要时加注英文商品名称;进口的成套散件或者毛坯件应在品牌后加注"成套散件""毛坯"等字样,并与品牌之间用"/"相隔。

②规格型号填报汽车零部件的完整编号。在零部件编号前应当加注"S"字样,并与零部件编号之间用"/"相隔,零部件编号之后应当依次加注该零部件适用的汽车品牌和车型。汽车零部件属于可以适用于多种汽车车型的通用零部件的,零部件编号后应当加注"TY"字样,并用"/"与零部件编号相隔。与进口汽车零部件规格型号相关的其他需要申报的要素,或者海关规定的其他需要申报的要素,如"功率""排气量"等,应当在车型或"TY"之后填报,并用"/"与之相隔。汽车零部件报验状态是成套散件的,应当在"标记唛码及备注"栏内填报该成套散件装配后的最终完整品的零部件编号。

(8) 进口货物收货人以一般贸易方式申报进口属于《需要详细列名申报的汽车零部件清单》(海关总署 2006 年第 64 号公告)范围内的汽车维修件的,填报规格型号时,应当在零部件编号前加注"W",并与零部件编号之间用"/"相隔;进口维修件的品牌与该零部件适用的整车厂牌不一致的,应当在零部件编号前加注"WF",并与零部件编号之间用"/"相隔。其余申报要求同第(7)条执行。

(9) 品牌类型。品牌类型为必填项目。可选择"无品牌""境内自主品牌""境内收购品牌""境外品牌(贴牌生产)""境外品牌(其他)",如实填报。其中,"境内自主品牌"是指由境内企业自主开发、拥有自主知识产权的品牌;"境内收购品牌"是指境内企业收购的原境外品牌;"境外品牌(贴牌生产)"是指境内企业代工贴牌生产中使用的境外品牌;"境外品牌(其他)"是指除代工贴牌生产以外使用的境外品牌。

(10) 出口享惠情况。出口享惠情况为出口报关单必填项目。可选择"出口货物在最终目的国(地区)不享受优惠关税""出口货物在最终目的国(地区)享受优惠关税""出口货物不能确定在最终目的国(地区)享受优惠关税",如实填报。进口货物报关单不填报该申报项。

(11) 申报进口已获 3C 认证的机动车辆时,填报以下信息。

①提运单日期。填报该项货物的提运单签发日期。

②质量保质期。填报机动车的质量保证期。

③发动机号或电机号。填报机动车的发动机号或电机号,应与机动车上打刻的发动机号或电机号相符。纯电动汽车、插电式混合动力汽车、燃料电池汽车为电机号,其他机动车为发动机号。

④车辆识别代码(VIN)。填报机动车车辆识别代码,须符合国家强制性标准《道路车辆车辆识别代号(VIN)》(GB 16735—2019)的要求。该项目一般与机动车的底盘(车架号)相同。

⑤发票所列数量。填报对应发票中所列进口机动车的数量。

⑥品名(中文名称)。填报机动车中文品名,按《进口机动车辆制造厂名称和车辆品牌中英文对照表》(原质检总局 2004 年 52 号公告)的要求填报。

⑦品名(英文名称)。填报机动车英文品名,按《进口机动车辆制造厂名称和车辆品牌中英文对照表》(原质检总局 2004 年 52 号公告)的要求填报。

⑧型号(英文)。填报机动车型号,与机动车产品标牌上整车型号一栏相符。

在POCIB中,此栏目应填写商品的中文名称+中文描述,商品的中文名称和中文描述可在"城市中心"的工厂或者国内市场里商品基本资料中查找。

例如:茉莉绿茶。

配料:绿茶,茉莉花,净含量:50克,包装:纸盒,2克×5茶包,每箱12盒。

35．数量及单位

此栏目应分三行填报。

(1)第一行按进出口货物的法定第一计量单位填报数量及单位,法定计量单位以《中华人民共和国海关统计商品目录》中的计量单位为准。

(2)凡列明有法定第二计量单位的,在第二行按照法定第二计量单位填报数量及单位。无法定第二计量单位的,第二行为空。

(3)成交计量单位及数量填报在第三行。

(4)法定计量单位为"KG"的数量填报,特殊情况下填报要求如下。

①装入可重复使用的包装容器的货物,按货物扣除包装容器后的重量填报,如罐装同位素、罐装氧气及类似品等。

②使用不可分割包装材料和包装容器的货物,按货物的净重填报(即包括内层直接包装的净重重量),如采用供零售包装的罐头、药品及类似品等。

③按照商业惯例以公量重计价的商品,按公量重填报,如未脱脂羊毛、羊毛条等。

④采用以毛重作为净重计价的货物,可按毛重填报,如粮食、饲料等大宗散装货物。

⑤采用零售包装的酒类、饮料、化妆品,按照液体部分的重量填报。

(5)成套设备、减免税货物如需分批进口,货物实际进口时,按照实际报验状态确定数量。

(6)具有完整品或制成品基本特征的不完整品、未制成品,根据《商品名称及编码协调制度》归类规则按完整品归类的,按照构成完整品的实际数量填报。

(7)已备案的加工贸易及保税货物,成交计量单位必须与《加工贸易手册》中同项号下货物的计量单位一致,加工贸易边角料和副产品内销、边角料复出口,填报其报验状态的计量单位。

(8)优惠贸易协定项下进出口商品的成交计量单位必须与原产地证书上对应商品的计量单位一致。

(9)法定计量单位为立方米的气体货物,折算成标准状况(即0 ℃及1个标准大气压)下的体积进行填报。

在POCIB中,此栏目应填写商品的实际销售数量和中文销售单位。

36．单价

填报同一项号下进出口货物实际成交的商品单位价格。无实际成交价格的,填报单位货值。在POCIB中,单价应与合同一致。

37．总价

填报同一项号下进出口货物实际成交的商品总价格。无实际成交价格的,填报货值。在POCIB中,总价应与合同一致。

38. 币制

按海关规定的《货币代码表》选择相应的货币名称及代码填报,如《货币代码表》中无实际成交币种,须将实际成交货币按申报日外汇折算率折算成《货币代码表》列明的货币填报。在 POCIB 中,币别应与合同一致。

39. 原产国(地区)

原产国(地区)依据《中华人民共和国进出口货物原产地条例》《中华人民共和国海关关于执行〈非优惠原产地规则中实质性改变标准〉的规定》以及海关总署关于各项优惠贸易协定原产地管理规章规定的原产地确定标准填报。同一批进出口货物的原产地不同的,分别填报原产国(地区)。进出口货物原产国(地区)无法确定的,填报"国别不详"。

按海关规定的《国别(地区)代码表》选择填报相应的国家(地区)名称及代码。在 POCIB 中,此处选择出口商国家,应与合同一致。

40. 最终目的国(地区)

最终目的国(地区)填报已知的进出口货物的最终实际消费、使用或进一步加工制造国家(地区)。不经过第三国(地区)转运的直接运输货物,以运抵国(地区)为最终目的国(地区);经过第三国(地区)转运的货物,以最后运往国(地区)为最终目的国(地区)。同一批进出口货物的最终目的国(地区)不同的,分别填报最终目的国(地区)。进出口货物不能确定最终目的国(地区)时,以尽可能预知的最后运往国(地区)为最终目的国(地区)。

按海关规定的《国别(地区)代码表》选择填报相应的国家(地区)名称及代码。在 POCIB 中,此处选择进口商国家,应与合同一致。

41. 境内货源地

境内货源地填报出口货物在国内的产地或原始发货地。出口货物产地难以确定的,填报最早发运该出口货物的单位所在地。

海关特殊监管区域、保税物流中心(B 型)与境外之间的进出境货物,境内目的地/境内货源地填报本海关特殊监管区域、保税物流中心(B 型)所对应的国内地区名称及代码。

按海关规定的《国内地区代码表》选择填报相应的国内地区名称及代码,并根据《中华人民共和国行政区划代码表》选择填报境内目的地对应的县级行政区名称及代码。无下属区县级行政区的,可选择填报地市级行政区。

在 POCIB 中,此处选择出口装运港,应与合同一致。

42. 征免

按照海关核发的《征免税证明》或有关政策规定,对报关单所列每项商品选择海关规定的《征减免税方式代码表》中相应的征减免税方式填报。

加工贸易货物报关单根据《加工贸易手册》中备案的征免规定填报;《加工贸易手册》中备案的征免规定为"保金"或"保函"的,填报"全免"。

在 POCIB 中,货物通常都适用于照章征税,因此本栏填"照章征税"。

43. 报关人员

本栏目用于填写报关人员的姓名。在 POCIB 中,此栏可不填。

44. 报关人员证号

本栏目用于填写报关人员的证号。在 POCIB 中,此栏可不填。

45. 电话

本栏目用于填写报关人员的电话。在POCIB中,此栏可不填。

46. 申报单位

自理报关的,填报进出口企业的名称及编码;委托代理报关的,填报报关企业名称及编码。编码填报18位的法人和其他组织统一社会信用代码。

在POCIB中申报单位统一社会信用代码可在公司基本资料中查找。此栏填写出口商公司中文名称及统一社会信用代码。例如:中国蓝海国际贸易有限公司,913320010000001260。

47. 海关批注及签章

本栏目供海关作业时签注。

二、实训指导7-3

1. 出口商送货

在送货到海关之前,如果交易商品为化学药品,需要先申请货物运输条件鉴定书。

(1) 出口商(蓝海公司)在"城市中心"的"机构导航"中,点击"海关"。

(2) 出口商(蓝海公司)在弹出的页面中点击"送货",选择相应的合同。

(3) 出口商(蓝海公司)点击"添加单据"按钮,选择单据"货物运输条件鉴定书"(除化学药品需要提交此鉴定书外,其他商品此处无须提交单据),然后点击"办理",完成送货。

当合同采用T/T+空运方式时,出口商也可于此处一并添加出口单据,与T/T交单性质相同,单据将于货物抵达时送至进口商处,进口商取提货单时即可拿到单据。添加的出口单据包括:"商业发票""装箱单";CIF方式下还须提交"货物运输保险单";此外如果申请了检验证书,如"一般原产地证书""普惠制产地证书""品质证书""健康证书""数量/重量证书""植物检疫证书"等,也应一并提交,没有申请则无须提交;"航空运单"由于此时尚未生成,所以无须提交,将由系统自动与其他单据一起发送给进口商。

注意:T/T方式下,且货物采用航空运输方式时,出口商于送货时提交出口单据或在邮局采用T/T寄单邮寄出口单据,两种方法只能选择其一,不能重复寄单。

(4) 点击"办理"按钮,完成送货。

2. 出口报关

(1) 出口商(蓝海公司)进入"我的订单"的"业务履约"页面,选择进入相应的业务条目。

(2) 出口商(蓝海公司)点击"单据中心",添加"出口货物报关单"并填写,见图7-6。

(3) 出口商(蓝海公司)进入"城市中心"里的"海关",点击"出口报关"按钮,选择相应的合同。

(4) 出口商(蓝海公司)点击"添加单据"按钮,选择单据"出口货物报关单""商业发票""装箱单",如果是空运方式,还需要"航空运单"。

(5) 出口商(蓝海公司)点击"办理"按钮,完成报关。等待一段时间后,将收到海关发来的已通关的通知以及货物自动装运的通知等。

3. 出口商取提单

出口商(蓝海公司)收到货物出运通知后,在"城市中心"的"机构导航"里点击"国际货运有限公司"(海运部),在弹出的页面点击"取提单",选择合同为该笔合同,添加单据(配舱回单),然后点击"办理",取回海运提单(见图7-7)。空运方式下提单为自动发放,无须再取提单。

图 7-7　海运提单

4. 出口商通知装运

出口商(蓝海公司)到"我的订单",进入该笔业务的业务联系画面,点击"写消息",选择业务种类为"通知装运",输入标题与内容(通常包括船名、航次、开船日期、预计到达日期等内容),然后点击"发送消息",完成装运通知(装运通知的相关操作知识可参看项目六任务三)。

项目八　出口结汇与出口退税

学习目标

知识目标：熟知汇票的含义与形式要项，掌握汇票的使用；理解出口押汇的含义，了解出口押汇的条件及其与议付的区别；知道出口退税和国际收支网上申报的含义，了解出口退税和国际收支网上申报的程序。

技能目标：能够正确填制和使用汇票；能够根据业务实际情况办理出口押汇；能够根据业务实际情况办理出口退税和国际收支网上申报。

素质目标：培养并践行外贸从业者的法治意识和职业道德，培养认真、细致、严谨、高效的职业素养，培养诚信意识和敬业精神，培养良好的语言表达和人际沟通能力，遵守国家贸易法律法规和国际贸易规则，培育并践行社会主义核心价值观。

任务一　填制汇票

一、理论知识

国际贸易货款的收付，采用现金结算的较少，大多数采用非现金结算，主要使用各类金融票据作为支付工具。金融票据是指可以流通转让的债券凭证，是国际上通行的结算和信贷工具。国际货款结算常用的金融票据主要有汇票、支票和本票三种，其中汇票在国际货款结算中最常见。

根据《中华人民共和国票据法》第十九条规定：汇票是出票人签发的，委托付款人在见票时或者在指定的日期无条件支付确定金额给收款人或持票人的票据。这里的票据指资金票据，是以支付一定金额为目的、用于债权债务关系清偿和结算的凭证。按照各国广泛引用或参照的《英国票据法》的规定：汇票是一个人向另一个人签发的，要求即期或定期或在可以确定的将来时间，对某人或其指定人或持票人支付一定金额的无条件支付命令。

在信用证或托收业务下，出票人是出口商，所使用汇票通常为商业跟单汇票。

二、汇票的缮制

汇票的印制并无统一格式,但其内容主要包括以下各项(见图 8-1)。

```
                    BILL OF EXCHANGE
No. S0000218                          Dated 2023-06-01
Exchange for  USD    25000
           At _____ Sight of this  FIRST  of Exchange
(Second of exchange being unpaid)
Pay to the Order of BANK OF CHINA
the sum of US DOLLARS TWENTY FIVE THOUSAND ONLY
Drawn under L/C No. 002/0000058       Dated 2023-05-23
Issued by BANCO DO BRAZIL
To
                              中国蓝海国际贸易有限公司
BANCO DO BRAZIL               China Blue Ocean International Trade Co., Ltd.
Avenida Rio Branco, 214 Rio de Janeiro, RJ Brazil
                              CHINA BLUE OCEAN INTERNATIONAL TRADE
                              CO., LTD.    Eric Wang
                                        (Authorized Signature)
```

图 8-1 商业汇票

1. 号码(No.)

汇票号码由出票人编号填入,此处一般填写商业发票的号码。利用这个号码可以核对发票与汇票中相同和相关的内容,例如金额、信用证号码等。如汇票号码和发票号码不一致,付款人不能因此拒付。

在 POCIB 中,该编号由系统自动生成。

2. 日期(Dated)

即汇票的出具日期,一般也是交单日期,是指受益人把汇票交给议付行的日期。在实际业务中这一栏一般由银行填写。

在 POCIB 中,填写汇票出具的日期,必须按系统规定的日期格式并且在合同日期之后。

3. 汇票小写金额(Exchange for)

格式为货币名称加金额,货币名称用三个字母简称,金额用阿拉伯数字(amount in figure)填写。汇票的大小写金额均应端正地填写在虚线格内,不得涂改,且大小写数量要一致。除非信用证另有规定,汇票金额不得超过信用证金额,而且汇票金额应与发票金额一致,汇票币别必须与信用证规定和发票所使用的币别一致。

在 POCIB 中,应分别将币别和金额填在两条横线上。

4. 付款期限(At Sight)

付款期限分为即期付款和远期付款。

(1)即期汇票(sight draft)。在汇票的出票人按要求向银行提交单据和即期汇票时,银行应立即付款。期限这一栏的填写较简单,只需使用"×××"或"----"或"＊＊＊"等符号或者直接将"AT SIGHT"字样填在这一栏目中,但该栏不得空白。

(2)远期汇票(time draft)。表明在将来的某个时间付款。以表明"远期"起算时的根据不同,分别为不同的远期汇票。远期付款时,则根据信用证或出口合同规定填写,通常分四种情况。

①"at ×× days after sight"(见票日期后若干天付款),在空白处填写"×× days after"。

②"at ×× days after date"(出票日期后若干天付款),在空白处填写"×× days after date",将汇票上印就的"sight"划掉。

③"at ×× days after date of B/L"(提单日期后若干天付款),在空白处填写"×× days after date of B/L",将汇票上印就的"sight"划掉。

④某指定日期付款,指定×年×月××日为付款日。例如"On 18th Oct. 2023",汇票上印就的"sight"应划掉。这种汇票称为"定期付款汇票"或"板期汇票"。

托收方式的汇票付款期限,如D/P即期者,填"D/P at sight";D/P远期者,填"D/P at ×× days sight";D/A远期者,填"D/A at ×× days sight"。

在POCIB中,本栏有4个选项可供选择,其中"----"为即期,"30 days after""45 days after""60 days after""90 days after"为远期选项,在操作过程中根据合同约定的支付条款进行选择。

5．受款人(Pay to the Order of)

受款人,即收款人,也称为"抬头"。汇票的抬头一般有以下三种写法。

(1) 限制性抬头(restrictive order)。如"付××公司"(Pay Co. only)或有"不准转让"(Not Transferable)字样。这种抬头的汇票不能流通转让,只有指定公司才有权收取票款。

(2) 指示性抬头(demonstrative order)。如"付×××公司或其指定人"(Pay ×× Co. or order,或Pay to order of ×× Co.),做成这种抬头的汇票可以经过持票人背书后转让给其他人。

(3) 持票人或来人抬头(payable to bearer)。如"付给来人"(pay to bearer)或"付给持票人"(pay to holder),做成这种抬头的汇票,无须由持票人背书,仅凭交付即可转让。按照《中华人民共和国票据法》的规定,签发持票人或来人抬头的汇票无效。

抬头是指单据中对方的名称,一般是指"被开立单据的人"的名称,常用单据的"抬头"的含义见表8-1。

表8-1 "抬头"的含义

序号	单　据	"抬头"的含义
1	商业发票(commercial invoice)	买方,在信用证项下叫"开证申请人"(applicant)
2	汇票(draft)	受款人(payee),接受付款人(payer)所支付的款项的人,通常为指定银行
3	提单(bill of lading)	收货人(consignee)
4	保险单(insurance policy)	被保险人(the insured/policyholder/beneficiary)

在我国的外贸业务中,指示性抬头使用较多。在信用证业务中,在填写汇票时根据信用证的具体规定填写,应将选择的银行名称直接填入这个栏目。如来证规定"由中国银行指定",此应填上:"Pay to the order of Bank of China"(由中国银行指定);如来证规定"由开证

行指定",此栏应填上"Pay to the order of ×××Bank"(开证行名称)。

在POCIB中,在信用证方式下应填写出口地银行英文名称,各个银行名称和地址可在"城市中心"的银行网站首页左边"世界各大银行基本信息"中查询;非信用证方式,则填出口商公司英文名称。

6. 汇票大写金额（the sum of）

大写金额用文字大写(amount in words),要求顶格,不留任何空隙,以防有人故意在汇票金额上做手脚,且须与汇票的小写金额一致。大写金额由货币名称和金额组成,先填写货币全称,再填写金额的数目文字,句尾加"only"相当于中文金额大写中的"整"字。

在POCIB中,大写金额必须与合同一致,可以直接复制合同中"Say Total"的内容。

7. 出票条款（drawn under）

信用证业务中签发汇票的根据通常包括三项内容:信用证编号(L/C No.)、开证日期(Dated)和付款人(Issued by)。但有时来证要求不填这一栏目,出口商在制单过程中也可以接受。

(1) 信用证编号(L/C No.)。填写信用证的准确号码。非信用证业务则不填。

在POCIB中,信用证号见信用证的"20:"。

(2) 开证日期(Dated)。区别出具汇票的日期,此处应填写信用证的准确开证日期。非信用证业务则不填。

在POCIB中,开证日期见信用证"31C:",注意写成2023-05-22的格式。

(3) 开证行(Issued by)。此处填写开证行名称。如为托收支付方式,通常填"买卖合同号码""订单号码"或"商业发票号码",或者在出票条款栏内或其他位置填上"For Collection"。

在POCIB中,信用证方式下填开证行英文名称;非信用证方式,则填进口商公司英文名称。各个银行名称和地址可在"城市中心"的银行网站首页左边"世界各大银行基本信息"中查询。

8. 受票人（To）

受票人(drawee),即被出票人,也是付款人(payee),信用证业务中,汇票的付款人和合同的付款人不完全相同,按照国际商会《跟单信用证统一惯例》(UCP600)的相关规定:"信用证不应凭以申请人为付款人的汇票支付。但如信用证要求以申请人为付款人的汇票,银行将视此种汇票为一项额外的单据。"据此,如信用证要求以申请人为付款人的汇票,仍应照办,但这只能作为一种额外的单据。因此,填写汇票时应根据信用证"draw on ×××""draft on ×××""drawee"来填写,如"... available by draft(s) drawn on us"条款表明,以开证行为付款人;又如"drawn on yourselves/you"条款表明以通知行为付款人。信用证未明确付款人名称者,应以开证行为付款人。非信用证方式,则填进口商公司英文名称和地址。

在POCIB中,各个银行名称和地址可在"城市中心"的银行网站首页左边"世界各大银行基本信息"中查询。

9. 出票人（authorized signature）

出票人即出具汇票的人,在贸易结汇使用汇票的情况下,一般都由出口商,即受益人填写,主要包括出口商的全称和经办人的名字。出票人,即出口商在右下方空白栏

(Authorized Signature)签字,填写出口商公司英文名称。出口商必须在汇票上签章才能生效,签章要求常见的有"signed""duly signed""manually signed"三种,前两种可以盖章或签字,而后一种必须手签,同时签章须与其出具的商业发票等其他单据的签章保持一致。

在 POCIB 中,此栏应填写出口商公司英文名称。

汇票在没有特殊规定时,都打印两张,一式两份。汇票一般都在醒目的位置上印着"1""2"字样,或"original""copy",表示第一联和第二联。汇票的第一联和第二联在法律上无区别。第一联生效则第二联自动作废(second of exchange being unpaid),第二联生效则第一联也自动作废(first of exchange being unpaid)。

三、实训指导8-1

出口商(蓝海公司)填写汇票。在单据中心添加"汇票",并按填写说明正确填写,见图8-1。

任务二 出口结汇

一、理论知识

对于出口商来说,按时发运货物是合同要求履行的责任与义务,同时,及时收回货款这是出口商发货后最重要的工作。出口结汇(settlement of exchange)是指出口商收到国外的货款后,按收汇当天的外汇汇率将外币货款卖给指定银行,并办理相关手续的行为。对于托收、预付货款等付款方式的出口,货款的收受就是出口结汇;而信用证方式的出口,一般叙做出口押汇。

(一) 交单结汇

交单是指在全部单据准备妥当后,由出口商签署议付申请书,申请议付、承兑或付款。为了依信用证规定结算货款,必须将审核无误的、完全正确的、完整的单据交至议付银行,请求议付、承兑或付款。

1. 议付

议付是指议付行以单据为质押品,在扣除从议付之日起到开证行或偿付行偿付之日止的货款利息及相关费用后,先垫付汇票或发票面值给受益人的行为。

$$议付利息 = 票面金额 \times 贴现利率 \times (估计收到票款所需日数 \div 365)$$

议付银行为了减少索偿风险,仍保留汇票或发票金额的追索权,如开证银行拒付,议付银行将会向出口商追索其已垫付的款项。

2. 付款

在付款信用证项下，付款行对全套单据审核无误后，在扣除相关费用后，将单据金额全额支付给受益人的行为，通常不使用汇票。不同于议付，付款是不可追索的。显然，在信用证方式中，这是对出口商最有利的一种。

3. 承兑

在国际贸易支付中，细分下来共有三种形式的承兑，下面主要介绍信用证方式下的承兑和托收方式下的承兑。

1）信用证方式下的承兑

承兑信用证项下，受益人开出远期汇票，通过国内代收行向开证行或开证行指定的银行提示，承兑行（被指定行）对全套信用证单据审核无误后，在汇票上签字盖章、承诺到期付款的行为。银行承兑属于银行信用，对于出口商而言，收汇风险比较小。

2）托收方式下的承兑

（1）在托收的远期付款交单（D/P），进口商对全套托收单据审核无误后，在出口商开出的远期汇票上签字盖章、承诺到期付款，进口商在汇票到期日付款后取走单据。买方承兑属于商业信用，对于出口商而言，收汇风险比较大。

（2）在托收的远期承兑交单（D/A），进口商对全套托收单据审核无误后，在出口商开出的远期汇票上签字盖章、承诺到期付款，做出承诺后即可取走单据。此种买方承兑同样属于商业信用，因为只要买方在远期汇票上签字盖章、做出书面的到期付款承诺就可以取走单据，对于出口商而言，收汇风险最大。

（二）出口押汇

1. 出口押汇的含义

出口押汇（bill purchase）是指出口商在货物装船后，以全套信用证单据作为质押物向交单银行请求信用证项下金额或让购汇票金额的本币贷款，待信用证货款结清以后，再结算货款、利息和银行费用。如果出口商提交的票据因发货日期延迟或货物质量不合格遭到拒付，交单银行作为正当持票人有权向出票人即出口商追回垫付的货款，同时作为贷款银行，有权处理抵押物品。

2. 出口押汇的条件

（1）出口押汇的申请人，应为跟单信用证的受益人且资信良好，银行为客户提供出口押汇融资时，与客户签订出口押汇业务总承诺书，并要求客户逐笔提出申请，银行凭其提交的单证为相符的单据办理出口押汇。

（2）出口押汇是银行对出口商保留追索权的融资，但银行如作为保兑行、付款行或承兑行时不能行使追索权。

（3）银行只办理跟单信用证项下银行承兑票据的贴现，申请人办理贴现业务应向银行提交贴现申请书，并承认银行对贴现垫款保留追索权。

（4）贴现票据的期限不超过180天，贴现天数以银行贴现日起算至到期日的实际天数，贴现利率将按规定执行并计收外币贴现利息，贴现利息将从票款中扣除，押汇利息的计算同议付利息。

3. 出口押汇与交单议付的区别

出口押汇与交单议付在操作上有很多相似之处，但两者在性质上具有明显的区别（见表8-2）。

表 8-2 议付与出口押汇的区别

区别	议　　付	出　口　押　汇
1	议付行向受益人支付信用证货币金额	交单行向受益人提供本币贷款金额
2	议付行与受益人一次性算断货款	先贷款，再结汇，最后结算货款与贷款
3	算作已"结汇"，出口商可以核销和退税	不算"结汇"，出口商不能核销和退税

二、实训指导 8-2

1．出口商（蓝海公司）交单

（1）出口商（蓝海公司）在"城市中心"里点"银行"，在弹出的页面中点击"交单"，选择合同为该笔合同。

（2）出口商（蓝海公司）添加单据商业发票、装箱单、海运提单、货物运输保险单、汇票、信用证、普惠制产地证明书、商检证书-品质证书、商检证书-健康证书、数量/重量证书、植物检疫证书（后四种证书本例合同与报检申请书中都没有申请，因此不需要提交，如果申请了则此处需要提交）。严禁提交多余单据，提交的单据必须与合同规定的完全一致，然后点击"办理"，完成交单。

（3）等待一段时间后，进口商（绿河公司）将收到银行发来的赎单通知。

2．出口商结汇

并非每笔业务一定要结汇，出口商可根据自己的账户资金状况决定是否需要通过结汇将外币账户内的资金转入本币账户中。如果出口商需要结汇，收到货款后，在"城市中心"里点击"银行"，在弹出的页面中点击"结汇"，选择要结汇的外币账户，然后在下方输入要结汇的金额（不能超过该外币账户现有金额），点击"办理"，完成结汇。

3．出口押汇在POCIB中的应用

在POCIB中，当合同的支付方式为信用证或托收时，出口商均可使用押汇，但需注意的是，出口押汇收取费用较高，若出口商采用即期信用证或D/P方式结算，资金流转速度快，则无须押汇；若采用远期信用证或D/A方式结算，出口商可根据收汇时间长短、企业资金状况等因素考虑是否需要押汇。且在POCIB中，交单与押汇只能选择其一，不能重复办理。

押汇的办理流程如下。

（1）出口商进入"我的订单"的"业务履约"页面，选择进入相应的业务条目。

（2）点击"单据中心"，添加"汇票"和"出口押汇申请书"（见图8-2）并填写。

（3）进入"城市中心"里的"银行"，点击"押汇"按钮，选择相应的合同。

（4）点击"添加单据"按钮，选择单据"出口押汇申请书"，其他单据与交单方式相同。

（5）点击"办理"按钮，完成押汇。等待一段时间后，将收到银行发来的通知与相应款项。

出口押汇申请书

申请日期：2016-5-20

致： 俄罗斯远东银行

为解决资金周转困难，我公司现交来如下信用证项下全套单据向贵行申请叙做出口押汇。为此，我公司不可撤消地承担有关责任如下：

我公司申请贵行就中国银行　　　　　　　　　　　　　（开证行）开立的号码为002/000154　　　　　　　　　　　　的不可撤消信用证项下或D/P或D/A项下（发票号码INV0000264　　），金额为[USD][21840　　]的全套单据叙做出口押汇，押汇金额为[USD][21840　　]，期限　　30　　天。我公司保证：

1. 承担由此笔出口押汇而产生的一切责任、风险和费用。
2. 接受贵行决定的押汇金额、利率和期限。
3. 如因我司提交的单据存在不符点，或开证行倒闭，或进口商面临危机，或单据邮递途中遗失或 被延误，或电讯失误以及不可抗力等原因，导致单据被拒付、迟付或对外让价、退款，我司 保证按贵行通知要求及时补偿还贵行押汇本金、利息及由此引起的一切费用，贵行亦可主动 从我公司存款帐户上直接扣收上述款项。
4. 贵行有权主动从收汇款项中直接扣收出口押汇本息及费用。如逾期归还，贵行可主动按规定收取罚息。

附：全套出口单据

俄罗斯帕利特国际进出口申请单位（公司名称）
伊万诺维奇　　　　法人签名（公司盖章）

图 8-2　出口押汇申请书

任务三　出 口 退 税

一、理论知识

（一）出口退税的含义

出口退税是指针对已报关离境的商品，国家税务机关将其在出口前已缴纳的生产和流通环节的国内增值税或消费税等间接税款，在该批商品收汇以后按照一定比例退还给出口企业的一项税收制度,能使出口产品成本降低,增强其市场竞争力,扩大产品出口。作为国际通行惯例,出口退税可以使出口货物的整体税负归零,有效避免国际双重课税,有利于增强本国商品在国际市场上的竞争力,为世界各国所采用。退税额的计算公式如下:

$$退税额 = 增值税发票金额 \div (1 + 增值税税率) \times 出口退税税率$$

其中,增值税发票金额是指出口企业购进货物时的增值税发票总金额。出口退税可以降低出口商品的成本,具体计算可参考项目二。

(二) 出口退税的凭证

出口企业在产品清关、并在财务上做销售处理后,可按月、旬逐批向主管出口退税税务机关申请退税。申请退税时,必须提供以下凭证。

(1) 报关单。报关单是货物进口或出口时进出口企业向海关办理申报手续,以便海关凭此查验和放行而填制的单据。

(2) 商业发票。商业发票是出口企业根据与出口购货方签订的销售合同开出的单据,是所有单据的核心,是外商购货的主要凭证,也是出口企业财会部门凭此记账、做出口产品销售收入的依据。

(3) 购进货物增值税发票。提供进货发票主要是为了确定出口产品的供货单位、产品名称、计量单位、数量,是否是生产企业的销售价格,以便划分和计算确定其进货费用等。

(4) 结汇水单或收汇通知书。

(5) 属于生产企业直接出口或委托出口自制产品,凡以到岸价 CIF 结算的,还应附送出口货物运单和出口保险单。

有进料加工复出口产品业务的企业,还应向税务机关报送进口料件的合同编号、日期,进口料件名称、数量、复出口产品名称,进料成本金额和实纳各种税金额等。

(6) 产品征税证明。

(7) 与出口退税有关的其他材料。

(三) 国际收支网上申报

为了推进贸易便利化,改进货物贸易外汇服务和管理,我国自 2012 年 8 月 1 日起改革货物贸易外汇管理方式,取消出口收汇核销单,企业不再办理出口收汇核销手续,只需进行网上申报,优化升级了出口收汇与出口退税信息共享机制。

1. 国际收支网上申报的含义

国际收支网上申报是国家外汇管理局根据《中华人民共和国外汇管理条例》和《国际收支统计申报办法》,通过货物贸易外汇监测系统,全面采集企业货物进出口和贸易外汇收支每笔数据,定期比对、评估企业货物流与资金流总体匹配情况,便利合规企业贸易外汇收支;对存在异常的企业进行重点监测,必要时实施现场核查。

2. 分类管理

外汇局根据企业贸易外汇收支的合规性及其与货物进出口的一致性，将企业分为 A、B、C 三类。

A 类企业进口付汇单证简化，可凭进口报关单、合同或发票等任何一种能够证明交易真实性的单证在银行直接办理付汇，出口收汇无须联网核查；银行办理收付汇审核手续相对简化。

对 B、C 类企业在贸易外汇收支单证审核、业务类型、结算方式等方面实施严格监管，B 类企业贸易外汇收支由银行实施电子数据核查，C 类企业贸易外汇收支须经外汇局逐笔登记后办理。外汇局根据企业在分类监管期内遵守外汇管理规定情况，进行动态调整。A 类企业违反外汇管理规定将被降级为 B 类或 C 类；B 类企业在分类监管期内合规性状况未见好转的，将延长分类监管期或被降级为 C 类；B、C 类企业在分类监管期内守法合规经营的，分类监管期满后可升级为 A 类。

二、实训指导 8-3

（一）国际收支网上申报

（1）出口商（蓝海公司）办理国际收支网上申报。在"城市中心"里点"外汇管理局"，在弹出的页面中点击"国际收支申报"，开始办理此项业务。

（2）弹出"国家外汇管理局应用服务平台"网站，出口商（蓝海公司）在"用户登录"一栏中点击"登录"（此栏中的"机构代码""用户代码""用户密码""验证码"均为系统自动生成，无须用户填写），如图 8-3 所示。

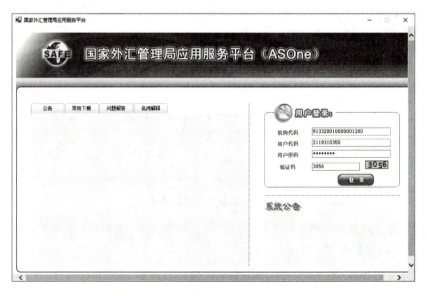

图 8-3 "用户登录"界面

(3) 出口商(蓝海公司)在弹出的页面中点击"国际收支网上申报系统(企业版)",打开申报信息录入列表,如图 8-4 所示。

图 8-4　国家收支网上申报系统

(4) 出口商(蓝海公司)点击待申报业务条目的申报号码,进入该笔业务的申报信息录入页面,如图 8-5 所示。

图 8-5　申报信息录入界面

(5) 在申报信息录入页面,除系统自动生成的内容之外,出口商(蓝海公司)还须填写以下几个栏目的内容,如图 8-6 所示。

①付款人常驻国家(地区)代码及名称:选择进口商所在的国家名称。

②本笔款项是否为保税货物项下收入:选"否"。

③交易编码:选择"一般贸易收入"。

④相应币种及金额:"币种"根据合同币别,系统自动生成,只须在币别后填上相应的合同金额。

⑤交易附言:填写"一般贸易收入"。

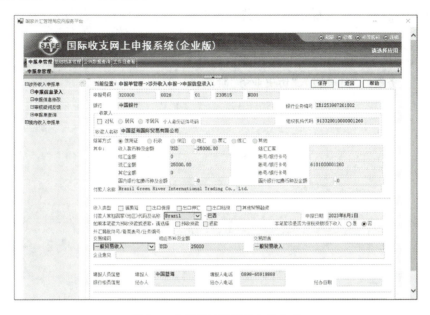

图 8-6　申报系统需要录入的内容

(6)出口商(蓝海公司)点击右上角的"保存"按钮,若信息填写无误,系统将提示"国际收支网上申报已提交"。此时,成功提交申报的业务条目将从申报信息录入列表中消失。

在 POCIB 中,需要等待 1 个小时,国际收支网上申报方可审核通过。

需要注意以下几点。

①若合同中的支付条款为 T/T ××% IN ADVANCE AND ××% WITHIN 30 DAYS AFTER SHIPMENTDATE,出口商在收到定金或尾款的入账通知时,就应立即去外汇管理局办理定金或尾款的国际收支网上申报。

②只有当定金和尾款的国际收支网上申报全部办理完成后,业务进度图里的"国际收支网上申报"步骤才会变成黑色。

③出口业务操作的是"国际收支网上申报",进口业务操作的是"外汇监测系统网上申报"。

(二)出口退税

出口商(蓝海公司)办理出口退税。出口退税税率查询方法:访问"城市中心"的"海关"机构网站,在"H.S.编码"中输入商品的海关编码,可查询该商品的各项税率及监管条件。

在 POCIB 中,出口退税应在国际收支网上申报完成后进行。

出口退税的具体步骤如下。

(1) 出口商(蓝海公司)在"城市中心"中,点"税务局"的建筑物进入。

(2) 出口商(蓝海公司)在弹出的页面中点击"申请出口退税",选择合同为该笔合同。

(3) 出口商(蓝海公司)点击"添加单据"按钮,选择单据"商业发票""增值税专用发票",然后点"办理"按钮,完成退税申请。等待一段时间后,将收到税务局发来的已完成退税的通知。

至此,出口商(蓝海公司)在POCIB平台的此笔合同已经完全履行完毕,该笔业务在"我的订单"的"业务履约"阶段转入"历史业务"阶段。

项目九　进口付汇与进口通关

学习目标

知识目标：了解信用证、托收、电汇等不同支付方式下进口付汇的基本流程和操作方法；知道进口报检的含义，了解我国进口报检的程序；知道原产地证明书的含义与作用，了解原产地证明书的类型；知道进口报关的含义，了解我国进口报关的程序；了解货物进口应缴纳的进口关税和进口环节代征税及其计算方法。

技能目标：能够办理信用证、托收、电汇等不同支付方式下的进口付汇，能够进行外汇检测系统网上申报；能够判断进口商品是否需要报检，能正确填写入境货物检验检疫申请，能够办理进口报检；能正确填写进口货物报关单，能够办理货物的进口报关；能够完成进口缴税和进口提货操作。

素质目标：培养并践行外贸从业者的法治意识和职业道德，培养认真、细致、严谨、高效的职业素养，培养诚信意识和敬业精神，培养良好的语言表达和人际沟通能力，遵守国家贸易法律法规，培育并践行社会主义核心价值观。

任务一　进口付汇

一、理论知识

进口付汇是指进口商将应付的进口货款结售给银行，由银行转换成外汇，通过银行或自行支付给国外出口商。由于支付方式不同，结汇的程序也不同。

(一) 信用证方式下的进口付汇

首先，出口商按信用证规定将货物装运后，向其押汇银行办妥交单或押汇手续，押汇文件转寄至开证银行，开证银行必须先审查确认单据与信用证内容相符，再填寄到单通知给进口商。

然后,进口商收到通知后,于规定期限内,携带有关证件前往开证银行付款或承兑,缴付有关费用,凭以领取货运单据。

进口商赎单后取得全套单据,不久后货运公司通知到货,进口商须持提单(B/L)至船公司换取提货单(delivery order,D/O)(空运方式下无须换单,可直接领取提货通知单)。如以 FOB 条件自国外进货,则须支付运费。

(二) 托收方式下的进口付汇

托收方式分为付款交单(D/P)与承兑交单(D/A)。

1. 付款交单 D/P 方式下的进口付汇

(1) 国内代收银行收到国外托收银行寄达的货运单据与即期汇票后,即填寄"到单通知"与"对外付款/承兑通知书"给进口商。

(2) 进口商接到该通知书后,应携该通知书及有关证件,前往银行付款,缴付有关费用。

(3) 领取货运单据。

2. 承兑交单 D/A 方式下的进口付汇

(1) 国内代收银行收到国外托收银行寄达的货运单据与远期汇票后,即填寄"到单通知"与"对外付款/承兑通知书"给进口商。

(2) 进口商收到通知后,携该通知书及有关证件,前往代收银行办理承兑汇票后,领取货运单据。

(3) 待远期汇票到期后,再到银行办理付款手续。

(三) 电汇方式下的进口付汇

电汇可以用于支付定金、支付尾款或者支付全款,根据货款交付和货物运送先后时间的不同,有先收款交货和先交货后收款两种。

电汇因费用相对低廉、操作方便,受到广大中小外贸企业的欢迎。相对于信用证和托收支付方式下的进口付汇,电汇方式下的进口付汇较为简单,出口商直接将货运单据寄送给进口商,进口商根据双方约定,将货款通过银行电汇给出口商。

(四) 外汇检测系统网上申报

国家外汇管理局、海关总署、国家税务总局决定,自 2012 年 8 月 1 日起在全国实施货物贸易外汇管理制度改革。国家外汇管理局通过货物贸易外汇监测系统,全面采集企业货物进出口和贸易外汇收支每笔数据,定期比对、评估企业货物流与资金流总体匹配情况,便利合规企业贸易外汇收支;对存在异常的企业进行重点监测,必要时实施现场核查。

需要注意的是,若合同中的支付条款为"T/T…% IN ADVANCE AND…% WITHIN 30 DAYS AFTER SHIPMENT DATE",进口商完成支付定金后,应立即去外汇管理局办理定金的外汇监测系统网上申报;完成支付尾款后,应立即去外汇管理局办理尾款的外汇监测系统网上申报。

在 POCIB 中,只有当定金和尾款的外汇监测系统网上申报全部办理完成后,业务进度图里的"外汇监测系统网上申报"步骤才会变成黑色。

二、实训指导 9-1

1. 进口商(绿河公司)付款

收到赎单通知后,在"城市中心"里点击"银行",在弹出的页面中点击"付款",选择合同为该笔合同,添加信用证,然后点击"办理",完成付款。

2. 进口商(绿河公司)取回单据

付款后,在"城市中心"里点击"银行",在弹出的页面中点击"取回单据",选择合同为该笔合同,然后点击"办理",取回单据。

3. 外汇监测系统网上申报

国家外汇管理局、海关总署、国家税务总局决定,自 2012 年 8 月 1 日起在全国实施货物贸易外汇管理制度改革。国家外汇管理局分支局对企业的贸易外汇管理方式由现场逐笔核销改变为非现场总量核查。外汇局通过货物贸易外汇监测系统,全面采集企业货物进出口和贸易外汇收支逐笔数据,定期比对、评估企业货物流与资金流总体匹配情况,便利合规企业贸易外汇收支;对存在异常的企业进行重点监测,必要时实施现场核查。

(1)进口商(绿河公司)在"城市中心"里点"外汇管理局",在弹出画面点"外汇监测系统网上申报",点击开始办理此项业务。

(2)弹出"国家外汇管理局应用服务平台"网站,在"用户登录"一栏中点"登录"(此栏中的"机构代码""用户代码""用户密码""验证码"均为系统自动生成,无须用户填写),见图 9-1。

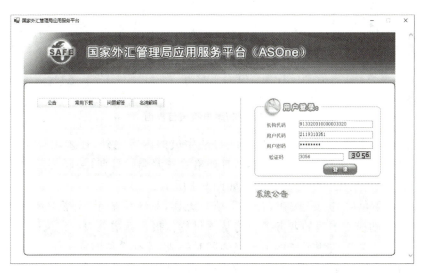

图 9-1 "用户登录"界面

(3)在弹出页面中点击"货物贸易外汇检测系统(企业版)",打开预付货款报告新增列表,如图 9-2 所示。

图9-2　货物贸易外汇检测系统(企业版)

(4)选中待申报的业务条目后,再点击右下方的"新增"按钮,如图9-3所示。

图9-3　新增申报条目界面

(5)在预付货款报告新增页面,除系统自动生成的内容之外,还须填写以下几个栏位:预计进口日期,不早于合同签订日期即可,日期格式参照合同日期;关联关系类型,统一选择"无关联关系";报告金额,填写合同金额,如图9-4所示。

(6)点击右下角的"提交"按钮,若信息填写无误,系统将提示"外汇监测系统网上申报完成"。此时,成功提交申报的业务条目将从预付货款报告新增列表中消失。

在POCIB中,外汇监测系统网上申报为即时完成,无须等待时间。

注意:①出口业务操作的是国际收支网上申报,进口业务操作的是外汇监测系统网上申报。②若合同中的支付条款为 T/T ××% IN ADVANCE AND ××% WITHIN 30 DAYS AFTER SHIPMENT DATE,进口商完成支付定金后,就应立即去外汇管理局办理定金的外汇监测系统网上申报;完成支付尾款后,就应立即去外汇管理局办理尾款的外汇监

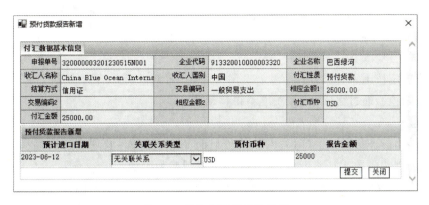

图 9-4 其他需要填报的信息

测系统网上申报。只有当定金和尾款的外汇监测系统网上申报全部办理完成后,业务进度图里的"外汇监测系统网上申报"步骤才会变成黑色。

任务二 进口报检

一、理论知识

(一) 进口报检的含义

进口报检(import inspection),是指根据我国现行《中华人民共和国进出口商品检验法实施条例》和其他相关法规的规定,列入法定检验范围的进口商品必须按规定由海关施行强制性检验。需要实施检验的商品必须检验合格并领取证书后,才能办理通关提货。对不属于法定检验的进口商品,海关可以抽样检验并实施监督管理。此外,进口商品在卸货时发现残损或数量、重量短缺的,收货人或其代理人须向相关商检机构申请检验。

在 POCIB 中,通过查询商品的 H.S.编码,若商品的监管条件中有 A,表明该商品为进口法检商品,该商品进口必须报检,经过检验合格,方能办理进口报关手续。若商品的监管条件中没有 A,则不需要办理进口报检。

(二) 进口报检的程序

进口报检与出口报检的流程和内容基本相同,在项目六中已有详细介绍,这里仅列出进口检验的相关程序。

1. 报检

应施行进口检验检疫的商品,由进口商填写入境货物检验检疫申请并备齐有关进口证件，向目的港（地）所在地的海关申请检验。进口商品的报检时间，一般应在货物到达报检地点 3 天内或合同规定的索赔期限内。

2．取样

（1）依规定按国家标准取样。

（2）在未检验通过之前，非经获准不得移动货品。

3．检验

（1）必须海关检验的进口商品以外的进口商品的收货人，发现进口商品质量不合格或残损短缺，需要由海关出证索赔的，应当向海关申请检验出证。

（2）对于重要的进口商品和大型的成套设备，进口商应该依据国际贸易合同约定在出口国装运前进行预检验、监造或者监装，海关根据需要可以派出检验人员参加。

4．签证

经检验合格的商品，发给相关文件，供报检人办理海关的相关手续。

（三）入境货物检验检疫申请的填制

入境货物检验检疫申请与出境货物检验检疫申请的内容基本相同。因此，此处仅说明入境货物检验检疫申请（见图 9-1）的填制。

1．申请单位、登记号、联系人、电话

填写报检单位全称，准确填写报检单位登记号、联系人和电话。在 POCIB 中，在公司基本资料中可查找报检单位登记号。

2．编号

本栏由海关填写。

3．报检日期

填写海关受理报检日。

4．收货人

填写进口商公司中、外文名称。

5．企业性质

根据收货人的性质勾选。

6．发货人

填写出口商公司的中、外文名称。

7．货物名称（中/外文）

按合同、信用证所列名称填写，但中、外文要一致。

8．H.S.编码

填写与合同里商品对应的海关编码。

在 POCIB 中，在"海关"机构网站中查询 H.S.编码；也可点击"城市中心"中的"市场"或"国内工厂"，根据产品编号打开商品基本资料后查询。

9．原产国（地区）

填写货物原始生产或加工的国家或地区的名称。

10. 数/重量

填写合同中商品交易数量,并注明计量单位。在POCIB中,货物都以销售数量计,在商品详细资料中查找"销售单位"。

11. 货物总值

填写合同或发票所列货物币别和总值。

12. 包装种类及数量

指合同中本批货物运输包装的种类及件数。在POCIB中,货物包装种类可在商品详细资料中查找"包装单位/包装种类"。

13. 运输工具名称编号

填写货物实际装载的运输工具类别(如船、飞机、火车、货柜车等)及运输工具编号(船名、飞机航班号、火车车次、车牌号码等)。海运方式下参考提货单里的船名;空运方式下参考航空运单里的航班号。

14. 合同号

填写贸易双方就本批货物而签订的书面贸易合同编号。

15. 贸易方式

该批货物进口的贸易方式,根据实际情况填写(常用的监管方式代码表见表7-1)。在POCIB中,都为一般贸易。

16. 贸易国别(地区)

填写出口国或地区。

17. 提单/运单号

填写报检货物对应的提单/运单号的编号。

18. 到货日期

填写进口货物到达口岸的日期。在POCIB中,按货物到货通知邮件里所列的日期填写。

19. 启运国家(地区)

填写装运本批货物进境的交通工具的启运国家(地区),即出口国。在POCIB里,填写出口国中文国别。

20. 许可证/审批号

对国家质量监督检验检疫总局已实施《进口商品质量许可证制度目录》下的货物和卫生注册、检疫、环保许可制度管理的货物,报检时填写安全质量许可编号或审批单编号,一般商品可不填。

21. 卸毕日期

按实际卸货完毕的日期填写。在货物还未卸毕前报检的,可暂不填写,待卸货完毕后再填写。

22. 启运口岸

填写本批货物的交通工具的启运口岸的名称。在POCIB中,与入境口岸一样,可在"国际货运有限公司"海运部机构网站的"航线及运费",或在空运部网站"常用查询"中查询。

23. 入境口岸

填写装载本批货物的交通工具进境时首次停靠的口岸名称。

24．索赔有效期

按合同规定的日期填写，特别要注明截止日期。

25．经停口岸

填写本批货物在启运后到达目的地前中途停靠的口岸名称。

26．目的地

填写本批货物最后抵达的目的港（地）的名称。

27．集装箱规格、数量及号码

填写装载本批货物的集装箱规格，如20英尺、40英尺等，以及分别对应的数量和集装箱号码全称。在POCIB中，海运方式下，参照"提货单"中的"集装箱数"；空运方式下，可不用填写。

28．合同订立的特殊条款以及其他要求

这是指贸易合同中双方对本批货物特别约定而订立的质量、卫生等条款和报检单位对本批货物的检验检疫有其他特别的要求。

29．货物存放地点

指本批货物卸货时存放的仓储位置。在POCIB中，可不填。

30．用途

填写本批货物的用途，如食用、观赏或演艺、实验、药用、饲用、加工等，一般不填。

31．随附单据

按实际向海关提供的单据，通常包括合同、发票、提/运单、装箱单等。

32．标记及号码

填写实际货物运输包装上的标记，与合同相一致。中性包装或裸装、散装商品应填"N/M"，并注明"裸装"或"散装"。在POCIB中，可复制合同中"Shipping Mark"的内容。

33．检验检疫费

此栏目由海关填写。

34．报检人郑重声明

必须有报检人的亲笔签名。

35．领取证单

应在海关受理报验日现场由报验人填写。

二、实训指导9-2

在进口报检之前，进口商须先到外运公司取提货单，方可办理报检。

（1）进口商（绿河公司）换取提货单。在"城市中心"里点"国际货运有限公司"（海运部），在弹出画面点"取提货单"，选择合同为该笔合同，添加单据"海运提单"，然后点击"办理"，换取提货单。

（2）进口商（绿河公司）进入"我的订单"的"业务履约"页面，选择进入相应的业务条目，然后点击"单据中心"，添加"入境货物检验检疫申请"并填写，如图9-5所示。

（3）进口商（绿河公司）进入"城市中心"里的"海关（检验检疫）"，点击"进口报检"按钮，选择相应的合同，点击"添加单据"按钮，选择单据"入境货物检验检疫申请""商业发票""装

入境货物检验检疫申请

申请单位（加盖公章）：巴西绿河国际贸易有限公司　　　　*编　号 IC0000235

申请单位登记号：32000008332　联系人：莱蒂齐亚　电话：00552166887756　申请日期：2023年 06 月 10 日

收货人	（中文）	巴西绿河国际贸易有限公司	企业性质（划"√"）	□ 合资 □ 合作 □ 外资	
	（外文）	Brazil Green River International Trading Co., Ltd.			
发货人	（中文）	中国蓝海国际贸易有限公司			
	（外文）	China Blue Ocean International Trade Co., Ltd.			

货物名称（中/外文）	H.S.编码	原产国(地区)	数/重量	货物总值	包装种类及数量
瓷杯 CHINESE CERAMIC CUP	6911101900	中国	25000只	USD25000	2500纸箱

运输工具名称号码	TBA			合　同　号	CBO230522
贸易方式	一般贸易	贸易国别(地区)	中国	提单/运单号	COBL0000182
到货日期	2023-05-31	启运国家(地区)	中国	许可证/审批号	
卸毕日期	2023-05-31	启运口岸	上海	入境口岸	里约热内卢
索赔有效期至	2023-11-30	经停口岸		目的地	里约热内卢
集装箱规格、数量及号码					
合同订立的特殊条款以及其他要求				货物存放地点	
				用　　途	

随附单据（划"√"或补填）		标记及号码	*外商投资财产（划"√"）	□ 是 □ 否
☑ 合同	□ 到货通知	BGR	*检验检疫费	
☑ 发票	☑ 装箱单	CBO230522		
☑ 提/运单	□ 质保书	RIO DE JANEIRO	总金额（人民币元）	
□ 兽医卫生证书	□ 理货清单	C/NO. 1-2500		
□ 植物检疫证书	□ 磅码单		计费人	
□ 动物检疫证书	□ 验收报告			
□ 卫生证书	□ 无木质包装证明		收费人	
□ 原产地证	□ 报检委托书			
□ 许可/审批文件	□ 合格保证			

申请人郑重声明： 1. 本人被授权申请检验检疫。 2. 上列填写内容正确属实。 签名：莱蒂齐亚	领取证单	
	日期	
	签名	

注：有"*"号栏由海关填写

图 9-5　入境货物报检单

箱单""合同",海运方式下还需提交"提货单",空运方式下则为"提货通知单"和"航空运单",如果出口商寄来的单据包括"品质证书""健康证书""数量/重量证书""植物检疫证书""一般原产地证书""普惠制产地证书"等,这里也应一并提交;点击"办理"按钮,完成进口报检。

任务三　进口报关

一、理论知识

（一）进口报关的含义

进口报关是履行海关入境手续的必要环节之一。进口报关是指收货人或其代理人向海关申报进口手续和缴纳进口税的行为。海关根据报关人的申报，依法进行验关。海关经查验无误后，经收货人或其代理缴纳相关税款后，才能放行。

与出口报关类似，货物或运输工具进出境时，其收发货人或代理人必须按规定将货物送进海关指定的集装箱场、集装箱集散站或码头仓库，向进出境口岸海关请求申报，交验规定的证件和单据，接受海关人员对其所报货物和运输工具的查验，依法缴纳海关关税和其他由海关代征的税款，然后海关才能批准放行货物和运输工具。放行后，进口商方可办理提货等事宜。

（二）进口报关的程序

进口报关，从进口商的角度看，一般可分为申报进境、审单查验、缴纳税费及凭单提货四个步骤；而就海关立场而言，则可分为接受申报、查验货物、征税、结关放行四个步骤。

1. 申报进境

进口货物到港后，进口商或其代理人就可按照国家海关法令规定，向海关申报。按《中华人民共和国海关法》的规定，进口货物的报关时限为自运输工具申报进境之日起14天内。进口货物超过规定期限向海关申报的，海关依法对收货人征收滞报金。

2. 审单查验

（1）报关单的审核。海关对报关单证的审核是进口报关的核心环节。在实际业务中，海关先对报关单证做初步审查，再从形式上和内容上进行全面、详细的审核。

（2）进口货物的查验。除海关批准免验的进口货物外，其他进口货物都必须接受海关的查验，而且必须在海关规定的时间和场所进行。

3. 缴纳税费

这里的税费包括海关征收的进口关税；海关代征的国内税，包括增值税、消费税、船舶吨位税；还有监管费、反倾销税、反补贴税等其他税费。进口报关单电子审结后，海关业务系统会自动向电子口岸发送税（费）信息，电子口岸将签约企业的税（费）信息发送至"中国国际贸易单一窗口"或"互联网＋海关"平台。企业可登录相应平台查询税（费）信息，并发送税（费）扣税指令，扣税成功且符合条件的，海关可办理放行手续。

4. 货单提货

海关在审单和验货后，确认报关单位手续齐全、单证齐全、货物合法，并已按章纳税，便可凭海关电子放行指令或打印的"通关无纸化查验/放行通知书"提取货物。

（三）进口货物报关单的填制

进口货物报关单是进口单位向海关提供审核是否合法进口货物的凭据，也是海关据以征税的主要凭证，同时还作为国家法定统计资料的重要来源。所以，报关单位要如实填写，不得虚报、瞒报、拒报和迟报，更不得伪造、篡改。

进口货物报关单如图9-2所示，其填制内容与出口货物报关单有很多相似之处，因此这里只做简要说明。

1. 预录入编号

预录入编号指预录入报关单的编号,一份报关单对应一个预录入编号,由系统自动生成。

报关单预录入编号由18位数字和字母组成,其中第1~4位为接受申报海关的代码(海关规定的《关区代码表》中相应海关代码),第5~8位为录入时的公历年份,第9位为进出口标志("1"为进口,"0"为出口;集中申报清单"I"为进口,"E"为出口),后9位为顺序编号。

在POCIB中不填。

2. 海关编号

海关编号指海关接受申报时给予报关单的编号,一份报关单对应一个海关编号,由系统自动生成。

报关单海关编号由18位数字和字母组成,其中第1~4位为接受申报海关的代码(海关规定的《关区代码表》中相应海关代码),第5~8位为海关接受申报的公历年份,第9位为进出口标志("1"为进口,"0"为出口;集中申报清单"I"为进口,"E"为出口),后9位为顺序编号。

在POCIB中不填。

3. 境内收货人

填报在海关备案的对外签订并执行进出口贸易合同的中国境内法人、其他组织名称及编码。编码填报18位的法人和其他组织统一社会信用代码,没有统一社会信用代码的,填报其在海关的备案编码。

特殊情况下填报要求如下。

(1) 进出口货物合同的签订者和执行者非同一企业的,填报执行合同的企业。

(2) 外商投资企业委托进出口企业进口投资设备、物品的,填报外商投资企业,并在标记唛码及备注栏注明"委托某进出口企业进口",同时注明被委托企业18位的法人和其他组织统一社会信用代码。

(3) 有代理报关资格的报关企业代理其他进出口企业办理进出口报关手续时,填报委托的进出口企业。

(4) 海关特殊监管区域收发货人填报该货物的实际经营单位或海关特殊监管区域内经营企业。

在POCIB中境内收货人统一社会信用代码可在公司基本资料中查找。此栏填写进口商公司中文名称及统一社会信用代码。例如:阳光氧气进出口有限公司,91332010220000015。

4. 进境关别

根据货物实际进出境的口岸海关,填报海关规定的《关区代码表》中相应口岸海关的名称及代码。

特殊情况填报要求如下。

(1) 进口转关运输货物填报货物进境地海关名称及代码,出口转关运输货物填报货物出境地海关名称及代码。按转关运输方式监管的跨关区深加工结转货物,出口报关单填报转出地海关名称及代码,进口报关单填报转入地海关名称及代码。

(2) 在不同海关特殊监管区域或保税监管场所之间调拨、转让的货物,填报对方海关特殊监管区域或保税监管场所所在的海关名称及代码。

(3) 其他无实际进出境的货物,填报接受申报的海关名称及代码。

在POCIB中,填写:进口港口名称+海关。例如:上海海关。

5. 进口日期

进口日期填报运载进口货物的运输工具申报进口的日期。进口日期为8位数字,顺序为年(4位)、月(2位)、日(2位)。

在POCIB中,此栏填写货物实际进口日期,并写成日期格式。例如:2023-05-10。

6. 申报日期

申报日期指海关接受进出口货物收发货人、受委托的报关企业申报数据的日期。以电子数据报关单方式申报的,申报日期为海关计算机系统接受申报数据时记录的日期。以纸质报关单方式申报的,申报日期为海关接受纸质报关单并对报关单进行登记处理的日期。本栏目在申报时免予填报。申报日期为8位数字,顺序为年(4位)、月(2位)、日(2位)。

在POCIB中,此栏填写进口商实际向海关申请进口报关的日期,并写成日期格式。例如:2023-05-10。

7. 备案号

填报进出口货物收发货人、消费使用单位、生产销售单位在海关办理加工贸易合同备案或征、减、免税审核确认等手续时,海关核发的《中华人民共和国海关加工贸易手册》(以下简称《加工贸易手册》)、海关特殊监管区域和保税监管场所保税账册、《征免税证明》或其他备案审批文件的编号。

一份报关单只允许填报一个备案号。具体填报要求如下。

(1) 加工贸易项下货物,除少量低值辅料按规定不使用《加工贸易手册》及以后续补税监管方式办理内销征税的外,填报《加工贸易手册》编号。

使用异地直接报关分册和异地深加工结转出口分册在异地口岸报关的,填报分册号;本地直接报关分册和本地深加工结转分册限制在本地报关,填报总册号。

加工贸易成品凭《征免税证明》转为减免税进口货物的,进口报关单填报《征免税证明》编号,出口报关单填报《加工贸易手册》编号。

对加工贸易设备、使用账册管理的海关特殊监管区域内减免税设备之间的结转,转入和转出企业分别填制进、出口报关单,在报关单"备案号"栏目填报《加工贸易手册》编号。

(2) 涉及征、减、免税审核确认的报关单,填报《征免税证明》编号。

(3) 减免税货物退运出口,填报《中华人民共和国海关进口减免税货物准予退运证明》的编号;减免税货物补税进口,填报《减免税货物补税通知书》的编号;减免税货物进口或结转进口(转入),填报《征免税证明》的编号;相应的结转出口(转出),填报《中华人民共和国海关进口减免税货物结转联系函》的编号。

在POCIB中不填。

8. 境外发货人

境外发货人通常指签订并执行进口贸易合同中的卖方。

填报境外发货人的名称及编码。名称一般填报英文名称,检验检疫要求填报其他外文名称的,在英文名称后填报,以半角括号分隔;对于AEO互认国家(地区)企业的,编码填报AEO编码,填报样式按照海关总署发布的相关公告要求填报(如新加坡AEO企业填报样式为:SG123456789012,韩国AEO企业填报样式为KR1234567,具体见相关公告要求);非互认国家(地区)AEO企业等其他情形,编码免于填报。

特殊情况下无境外发货人的,名称及编码填报"NO"。

在POCIB中境外发货人(出口商)外文名称可在合同中查找。

例如:Germany Lennydeng Import and Export Co.,Ltd.。

9. 运输方式

运输方式包括实际运输方式和海关规定的特殊运输方式,前者指货物实际进出境的运输方式,按进出境所使用的运输工具分类;后者指货物无实际进出境的运输方式,按货物在境内的流向分类。

根据货物实际进出境的运输方式或货物在境内流向的类别,按照海关规定的《运输方式代码表》选择填报相应的运输方式。

(1) 特殊情况填报要求如下。

①非邮件方式进出境的快递货物,按实际运输方式填报。

②进口转关运输货物,按载运货物抵达进境地的运输工具填报;出口转关运输货物,按载运货物驶离出境地的运输工具填报。

③不复运出(入)境而留在境内(外)销售的进出境展览品、留赠转卖物品等,填报"其他运输"(代码9)。

④进出境旅客随身携带的货物,填报"旅客携带"(代码L)。

⑤以固定设施(包括输油、输水管道和输电网等)运输货物的,填报"固定设施运输"(代码G)。

(2) 无实际进出境货物在境内流转时填报要求如下。

①境内非保税区运入保税区货物和保税区退区货物,填报"非保税区"(代码0)。

②保税区运往境内非保税区货物,填报"保税区"(代码7)。

③境内存入出口监管仓库和出口监管仓库退仓货物,填报"监管仓库"(代码1)。

④保税仓库转内销货物或转加工贸易货物,填报"保税仓库"(代码8)。

⑤从境内保税物流中心外运入中心或从中心运往境内中心外的货物,填报"物流中心"(代码W)。

⑥从境内保税物流园区外运入园区或从园区内运往境内园区外的货物,填报"物流园区"(代码X)。

⑦保税港区、综合保税区与境内(区外)(非海关特殊监管区域、保税监管场所)之间进出的货物,填报"保税港区/综合保税区"(代码Y)。

⑧出口加工区、珠澳跨境工业区(珠海园区)、中哈霍尔果斯边境合作区(中方配套区)与境内(区外)(非海关特殊监管区域、保税监管场所)之间进出的货物,填报"出口加工区"(代码Z)。

⑨境内运入深港西部通道港方口岸区的货物,填报"边境特殊海关作业区"(代码H)。

⑩经横琴新区和平潭综合实验区(以下简称综合试验区)二线指定申报通道运往境内(区外)或从境内经二线指定申报通道进入综合试验区的货物,以及综合试验区内按选择性征收关税申报的货物,填报"综合试验区"(代码T)。

⑪海关特殊监管区域内的流转、调拨货物,海关特殊监管区域、保税监管场所之间的流转货物,海关特殊监管区域与境内(区外)之间进出的货物,海关特殊监管区域外的加工贸易

余料结转、深加工结转、内销货物,以及其他境内流转货物,填报"其他运输"(代码9)。

在POCIB中,如果是海运,填写"江海运输";如果是空运,填写"航空运输"。

10. 运输工具名称及航班号。

填报载运货物进出境的运输工具名称或编号及航班号。填报内容应与运输部门向海关申报的舱单(载货清单)所列相应内容一致。

(1) 运输工具名称具体填报要求如下。

①直接在进出境地或采用全国通关一体化通关模式办理报关手续的报关单填报要求如下。

A. 水路运输:填报船舶编号(来往港澳小型船舶为监管簿编号)或者船舶英文名称。

B. 公路运输:启用公路舱单前,填报该跨境运输车辆的国内行驶车牌号,深圳提前报关模式的报关单填报国内行驶车牌号+"/"+"提前报关"。启用公路舱单后,免予填报。

C. 铁路运输:填报车厢编号或交接单号。

D. 航空运输:填报航班号。

E. 邮件运输:填报邮政包裹单号。

F. 其他运输:填报具体运输方式名称,例如:管道、驮畜等。

②转关运输货物的报关单填报要求如下。

A. 水路运输:直转、提前报关填报"@"+16位转关申报单预录入号(或13位载货清单号);中转填报进境英文船名。

B. 铁路运输:直转、提前报关填报"@"+16位转关申报单预录入号;中转填报车厢编号。

C. 航空运输:直转、提前报关填报"@"+16位转关申报单预录入号(或13位载货清单号);中转填报"@"。

D. 公路及其他运输:填报"@"+16位转关申报单预录入号(或13位载货清单号)。

E. 以上各种运输方式,使用广东地区载货清单转关的提前报关货物:填报"@"+13位载货清单号。

③采用"集中申报"通关方式办理报关手续的,报关单填报"集中申报"。

④无实际进出境的货物,免予填报。

(2) 航班号具体填报要求如下。

①直接在进出境地或采用全国通关一体化通关模式办理报关手续的报关单填报要求如下。

A. 水路运输:填报船舶的航班号。

B. 公路运输:启用公路舱单前,填报运输车辆的8位进出境日期[顺序为年(4位)、月(2位)、日(2位),下同]。启用公路舱单后,填报货物运输批次号。

C. 铁路运输:填报列车的进出境日期。

D. 航空运输:免予填报。

E. 邮件运输:填报运输工具的进出境日期。

F. 其他运输方式:免予填报。

②转关运输货物的报关单填报要求如下。

A. 水路运输:中转转关方式填报"@"+进境干线船舶航次。直转、提前报关免予填报。

B. 公路运输:免予填报。

C. 铁路运输:"@"+8位进境日期。

D. 航空运输:免予填报。

E. 其他运输方式:免予填报。

③无实际进出境的货物,免予填报。

(3) 运输工具名称及航班。

海运方式:可在"提货单"或"海运提单"中复制船名航次,例如 TBA 011W。如果单据中心没有这张单据可不填。

空运方式:可在"航空运单"或"提货通知单"中复制航班号,如果单据中心没有这张单据可不填。

11. 提运单号

填报进出口货物提单或运单的编号。一份报关单只允许填报一个提单或运单号,一票货物对应多个提单或运单时,应分单填报。

几种主要货物的报关单填报要求如下。

(1) 直接在进出境地或采用全国通关一体化通关模式办理报关手续的填报要求。

①水路运输:填报进出口提单号。如有分提单的,填报进出口提单号+"*"+分提单号。

②公路运输:启用公路舱单前,免予填报;启用公路舱单后,填报进出口总运单号。

③铁路运输:填报运单号。

④航空运输:填报总运单号+"_"+分运单号,无分运单的填报总运单号。

⑤邮件运输:填报邮政包裹单号。

(2) 转关运输货物的报关单填报要求。

①水路运输:直转、中转填报提单号;提前报关免予填报。

②铁路运输:直转、中转填报铁路运单号;提前报关免予填报。

③航空运输:直转、中转货物填报总运单号+"_"+分运单号;提前报关免予填报。

④其他运输方式:免予填报。

⑤以上运输方式进境货物,在广东省内用公路运输转关的,填报车牌号。

(3) 采用"集中申报"通关方式办理报关手续的,报关单填报归并的集中申报清单的进出口起止日期[按年(4位)月(2位)日(2位)年(4位)月(2位)日(2位)]。

(4) 无实际进出境的货物,免予填报。

12. 货物存放地点

填报货物进境后存放的场所或地点,包括海关监管作业场所、分拨仓库、定点加工厂、隔离检疫场、企业自有仓库等。

在 POCIB 中,可不填。

13. 消费使用单位

消费使用单位填报已知的进口货物在境内的最终消费、使用单位的名称,包括自行进口货物的单位和委托进出口企业进口货物的单位。

减免税货物报关单的消费使用单位/生产销售单位应与《中华人民共和国海关进出口货物征免税证明》(以下简称《征免税证明》)的"减免税申请人"一致;保税监管场所与境外之间

的进出境货物,消费使用单位/生产销售单位填报保税监管场所的名称[保税物流中心(B型)填报中心内企业名称]。

海关特殊监管区域的消费使用单位/生产销售单位填报区域内经营企业("加工单位"或"仓库")。

编码填报要求:①填报18位法人和其他组织统一社会信用代码;②无18位统一社会信用代码的,填报"NO"。

进口货物在境内的最终消费或使用以及出口货物在境内的生产或销售的对象为自然人的,填报身份证号码、护照号码、台胞证号码等有效证件号码及姓名。

在POCIB中消费使用单位统一社会信用代码可在公司基本资料中查找。此栏填写进口商公司中文名称及统一社会信用代码。

例如:阳光氧气进出口有限公司,91332010220000015。

14. 监管方式

监管方式是以国际贸易中进出口货物的交易方式为基础,结合海关对进出口货物的征税、统计及监管条件综合设定的海关对进出口货物的管理方式。其代码由4位数字构成,前两位是按照海关监管要求和计算机管理需要划分的分类代码,后两位是参照国际标准编制的贸易方式代码。

根据实际对外贸易情况按海关规定的《监管方式代码表》选择填报相应的监管方式简称及代码。一份报关单只允许填报一种监管方式。

特殊情况下加工贸易货物监管方式填报要求如下。

(1) 进口少量低值辅料(即5000美元以下,78种以内的低值辅料)按规定不使用《加工贸易手册》的,填报"低值辅料"。使用《加工贸易手册》的,按《加工贸易手册》上的监管方式填报。

(2) 加工贸易料件转内销货物以及按件办理进口手续的转内销制成品、残次品、未完成品,填制进口报关单,填报"来料料件内销"或"进料料件内销";加工贸易成品凭《征免税证明》转为减免税进口货物的,分别填制进、出口报关单,出口报关单报"来料成品减免"或"进料成品减免",进口报关单按照实际监管方式填报。

(3) 加工贸易出口成品因故退运进口及复运出口的,填报"来料成品退换"或"进料成品退换";加工贸易进口料件因换料退运出口及复运进口的,填报"来料料件退换"或"进料料件退换";加工贸易过程中产生的剩余料件、边角料退运出口,以及进口因品质、规格等原因退运出口且不再更换同类货物进口的,分别填报"来料料件复出""来料边角料复出""进料料件复出""进料边角料复出"。

(4) 加工贸易边角料内销和副产品内销,填制进口报关单,填报"来料边角料内销"或"进料边角料内销"。

(5) 企业销毁处置加工贸易货物未获得收入,销毁处置货物为料件、残次品的,填报"料件销毁";销毁处置货物为边角料、副产品的,填报"边角料销毁"。

企业销毁处置加工贸易货物获得收入的,填报为"进料边角料内销"或"来料边角料内销"。

在POCIB中,货物进出口通常都为一般贸易,在《贸易方式代码表》中对应的代码为0110,因此本栏可填"一般贸易"。

15. 征免性质

根据实际情况按海关规定的《征免性质代码表》选择填报相应的征免性质简称及代码,持有海关核发的《征免税证明》的,按照《征免税证明》中批注的征免性质填报。一份报关单只允许填报一种征免性质。

加工贸易货物报关单,按照海关核发的《加工贸易手册》中批注的征免性质简称及代码填报。特殊情况填报要求如下。

(1) 加工贸易转内销货物,按实际情况填报(如一般征税、科教用品、其他法定等)。

(2) 料件退运出口、成品退运进口货物填报"其他法定"(代码299)。

(3) 加工贸易结转货物,免予填报。

在POCIB中,货物通常都适用于一般征税,因此本栏可填"一般征税"。

16. 许可证号

填报进(出)口许可证、两用物项和技术进(出)口许可证、两用物项和技术出口许可证(定向)、纺织品临时出口许可证、出口许可证(加工贸易)、出口许可证(边境小额贸易)的编号。一份报关单只允许填报一个许可证号。

在POCIB中不用填。

17. 启运港

填报进口货物在运抵我国关境前的第一个境外装运港。

根据实际情况,按海关规定的《港口代码表》填报相应的港口名称及代码,未在《港口代码表》中列明的,填报相应的国家名称及代码。货物从海关特殊监管区域或保税监管场所运至境内(区外)的,填报《港口代码表》中相应海关特殊监管区域或保税监管场所的名称及代码,未在《港口代码表》中列明的,填报"未列出的特殊监管区"及代码。

其他无实际进境的货物,填报"中国境内"及代码。

在POCIB中,选择合同中的出口装运港。

18. 合同协议号

填报进出口货物合同(包括协议或订单)编号。未发生商业性交易的免予填报。

在POCIB中填写合同号。

19. 贸易国(地区)

发生商业性交易的进口填报购自国(地区),出口填报售予国(地区)。未发生商业性交易的填报货物所有权拥有者所属的国家(地区)。

按海关规定的《国别(地区)代码表》选择填报相应的贸易国(地区)中文名称及代码。

在POCIB中,选择出口商国家。

20. 启运国(地区)

启运国(地区)填报进口货物启始发出直接运抵我国或者在运输中转国(地)未发生任何商业性交易的情况下运抵我国的国家(地区)。

不经过第三国(地区)转运的直接运输进出口货物,以进口货物的装货港所在国(地区)为启运国(地区),以出口货物的指运港所在国(地区)为运抵国(地区)。

经过第三国(地区)转运的进出口货物,如在中转国(地区)发生商业性交易,则以中转国(地区)作为启运/运抵国(地区)。

按海关规定的《国别(地区)代码表》选择填报相应的启运国(地区)或运抵国(地区)中文

名称及代码。

无实际进出境的货物,填报"中国"及代码。

在POCIB中,选择出口商国家。

21. 经停港

经停港填报进口货物在运抵我国关境前的最后一个境外装运港。

根据实际情况,按海关规定的《港口代码表》选择填报相应的港口名称及代码。经停港/指运港在《港口代码表》中无港口名称及代码的,可选择填报相应的国家名称及代码。

无实际进出境的货物,填报"中国境内"及代码。

在POCIB中,此栏选择合同里规定的出口装运港名称。

22. 入境口岸

入境口岸填报进境货物从跨境运输工具卸离的第一个境内口岸的中文名称及代码;采取多式联运跨境运输的,填报多式联运货物最终卸离的境内口岸中文名称及代码;过境货物填报货物进入境内的第一个口岸的中文名称及代码;从海关特殊监管区域或保税监管场所进境的,填报海关特殊监管区域或保税监管场所的中文名称及代码。其他无实际进境的货物,填报货物所在地的城市名称及代码。

入境口岸/离境口岸类型包括港口、码头、机场、机场货运通道、边境口岸、火车站、车辆装卸点、车检场、陆路港、坐落在口岸的海关特殊监管区域等。按海关规定的《国内口岸编码表》选择填报相应的境内口岸名称及代码。

在POCIB中,应选择合同规定的进口目的港。

23. 包装种类

填报进出口货物的所有包装材料,包括运输包装和其他包装,按海关规定的《包装种类代码表》选择填报相应的包装种类名称及代码。运输包装指提运单所列货物件数单位对应的包装,其他包装包括货物的各类包装,以及植物性铺垫材料等。

在POCIB中,货物包装种类可进入"城市中心"的市场,在商品基本资料里查找"包装单位/包装种类",如"纸箱"。

24. 件数

填报进出口货物运输包装的件数(按运输包装计)。特殊情况填报要求如下。

(1)舱单件数为集装箱的,填报集装箱个数。

(2)舱单件数为托盘的,填报托盘数。

不得填报为零,裸装货物填报为"1"。

在POCIB中,本栏应填入包装总件数(总销售数量÷单位包装数,若有小数,应进位取整)。如果装箱单填写正确,此处可直接参考装箱单。

25. 毛重(KG)

填报进出口货物及其包装材料的重量之和,计量单位为千克,不足一千克的填报为"1"。

在POCIB中,总毛重计算方法可查看国内工厂网站中"商品相关计算方法"。如果装箱单填写正确,此处可直接参考装箱单。

26. 净重(KG)

填报进出口货物的毛重减去外包装材料后的重量,即货物本身的实际重量,计量单位为千克,不足1千克的填报为"1"。

在POCIB中,总净重计算方法可查看国内工厂网站中"商品相关计算方法"。如果装箱单填写正确,此处可直接参考装箱单。

27. 成交方式

根据进出口货物实际成交价格条款,按海关规定的《成交方式代码表》选择填报相应的成交方式代码。无实际进出境的货物,进口填报CIF,出口填报FOB。

在POCIB中,有三种成交方式可用,它们在《成交方式代码表》中对应的代码分别为:①如果是CIF或CIP,填写"CIF";②如果是CFR或CPT,填写"C&F";③如果是FOB或FCA,填写"FOB"。

28. 运费

填报进口货物运抵我国境内输入地点起卸前的运输费用,出口货物运至我国境内输出地点装载后的运输费用。

运费可按运费单价、总价或运费率三种方式之一填报,注明运费标记("1"表示运费率,"2"表示每吨货物的运费单价,"3"表示运费总价),并按海关规定的《货币代码表》选择填报相应的币种代码。

在POCIB中,如果是FOB或FCA,本栏统一以运费总价填报,等运输发票到达后再填写;如果是CIF、CFR、CIP、CPT,则不用填。

本栏分成三部分:①币别代码,运费都是以美元计算的,都填"502"。②运费金额,在"国际货物运输代理业专用发票"中查找,到货后会有这个单据。③运费标记,填"3"。

29. 保费

填报进口货物运抵我国境内输入地点起卸前的保险费用,出口货物运至我国境内输出地点装载后的保险费用。

保费可按保险费总价或保险费率两种方式之一填报,注明保险费标记("1"表示保险费率,"3"表示保险费总价),并按海关规定的《货币代码表》选择填报相应的币种代码。

在POCIB中,如果是FOB、CFR、FCA、CPT,本栏统一以保险费总价填报,等保险单到达后再填写,如果是CIF或CIP,则不用填。

本栏分成三部分:①币别代码,保险费是按各国本位币计算的,此处填本位币的代码,在海关的机构网站的"币制代码表"里查询(进入"城市中心",点"海关",点"访问网站")。例如,美元就是"502"。②保费金额,可在货物运输保险单或货物运输投保单中查找。③保费标记,填"3"。

30. 杂费

填报成交价格以外的、按照《中华人民共和国进出口关税条例》相关规定应计入完税价格或应从完税价格中扣除的费用。可按杂费总价或杂费率两种方式之一填报,注明杂费标记("1"表示杂费率,"3"表示杂费总价),并按海关规定的《货币代码表》选择填报相应的币种代码。

应计入完税价格的杂费填报为正值或正率,应从完税价格中扣除的杂费填报为负值或负率。

在POCIB中,不用填。

31. 随附单据及编号

根据海关规定的《监管证件代码表》和《随附单据代码表》选择填报除本规范第十六条规

定的许可证件以外的其他进出口许可证件或监管证件、随附单据代码及编号。

本栏目分为随附单证代码和随附单证编号两栏,其中代码栏按海关规定的《监管证件代码表》和《随附单据代码表》选择填报相应证件代码;随附单证编号栏填报证件编号。

(1)加工贸易内销征税报关单,随附单证代码栏填报"c",随附单证编号栏填报海关审核通过的内销征税联系单号。

(2)一般贸易进出口货物,只能使用原产地证书申请享受协定税率或者特惠税率(以下统称优惠税率)的(无原产地声明模式),"随附单证代码"栏填报原产地证书代码"Y",在"随附单证编号"栏填报"<优惠贸易协定代码>"和"原产地证书编号"。可以使用原产地证书或者原产地声明申请享受优惠税率的(有原产地声明模式),"随附单证代码"栏填写"Y","随附单证编号"栏填报"<优惠贸易协定代码>""C"(凭原产地证书申报)或"D"(凭原产地声明申报),以及"原产地证书编号(或者原产地声明序列号)"。一份报关单对应一份原产地证书或原产地声明。各优惠贸易协定代码同前。

海关特殊监管区域和保税监管场所内销货物申请适用优惠税率的,有关货物进出海关特殊监管区域和保税监管场所以及内销时,已通过原产地电子信息交换系统实现电子联网的优惠贸易协定项下货物报关单,按照上述一般贸易要求填报;未实现电子联网的优惠贸易协定项下货物报关单,"随附单证代码"栏填报"Y","随附单证编号"栏填报"<优惠贸易协定代码>"和"原产地证据文件备案号"。"原产地证据文件备案号"为进出口货物的收发货物人或者其代理人录入原产地证据文件电子信息后,系统自动生成的号码。

向香港或者澳门特别行政区出口用于生产香港 CEPA 或者澳门 CEPA 项下货物的原材料时,按照上述一般贸易填报要求填制报关单,香港或澳门生产厂商在香港工贸署或者澳门经济局登记备案的有关备案号填报在"关联备案"栏。

"单证对应关系表"中填报报关单上的申报商品项与原产地证书(原产地声明)上的商品项之间的对应关系。报关单上的商品序号与原产地证书(原产地声明)上的项目编号应一一对应,不要求顺序对应。同一批次进口货物可以在同一报关单中申报,不享受优惠税率的货物序号不填报在"单证对应关系表"中。

(3)各优惠贸易协定项下,免提交原产地证据文件的小金额进口货物"随附单证代码"栏填报"Y","随附单证代码"栏填报"<协定编号>XJE00000","单证对应关系表"享惠报关单项号按实际填报,对应单证项号与享惠报关单项号相同。

在 POCIB 中可以不填。

32. 标记唛码及备注

填报要求同出口货物报关单相应栏目。

33. 项号

填报要求同出口货物报关单相应栏目。

34. 产品编号

在 POCIB 中,本栏应与合同中的"Product No."项一致。

35. 商品编号(H.S.编码)

填报由 13 位数字组成的商品编号。前 8 位为《中华人民共和国进出口税则》和《中华人民共和国海关统计商品目录》确定的编码;第 9、10 位为监管附加编号,第 11~13 位为检验检疫附加编号。

在 POCIB 中,海关编码可在"城市中心"的工厂或者国内市场里商品基本资料中查询该商品 H.S.编码。

36. 商品名称、规格型号

填报要求同出口货物报关单相应栏目。

例如:时尚手提包

帆布材质规格:长度 25 CM,底部宽度 3 CM,高度 35 CM,包装:1 只/纸盒,10 盒/箱。

37. 数量及单位

填报要求同出口货物报关单相应栏目。

38. 单价

填报同一项号下进出口货物实际成交的商品单位价格。无实际成交价格的,填报单位货值。在 POCIB 中,单价应与合同一致。

39. 总价

填报同一项号下进出口货物实际成交的商品总价格。无实际成交价格的,填报货值。在 POCIB 中,总价应与合同一致。

40. 币制

填报要求同出口货物报关单相应栏目。

41. 原产国(地区)

填报要求同出口货物报关单相应栏目。

42. 最终目的国(地区)

填报要求同出口货物报关单相应栏目。

43. 境内目的地

境内目的地填报已知的进口货物在国内的消费、使用地或最终运抵地,其中最终运抵地为最终使用单位所在的地区。最终使用单位难以确定的,填报货物进口时预知的最终收货单位所在地。

海关特殊监管区域、保税物流中心(B 型)与境外之间的进出境货物,境内目的地/境内货源地填报本海关特殊监管区域、保税物流中心(B 型)所对应的国内地区名称及代码。

按海关规定的《国内地区代码表》选择填报相应的国内地区名称及代码,并根据《中华人民共和国行政区划代码表》选择填报境内目的地对应的县级行政区名称及代码。无下属区县级行政区的,可选择填报地市级行政区。

在 POCIB 中,此处选择进口目的港,应与合同一致。

44. 征免

按照海关核发的《征免税证明》或有关政策规定,对报关单所列每项商品选择海关规定的《征减免税方式代码表》中相应的征减免税方式填报。

加工贸易货物报关单根据《加工贸易手册》中备案的征免规定填报;《加工贸易手册》中备案的征免规定为"保金"或"保函"的,填报"全免"。

在 POCIB 中,货物通常都适用于照章征税,因此本栏填"照章征税"。

45. 报关人员

本栏目用于填写报关人员的姓名。在 POCIB 中,可以不填。

46. 报关人员证号

本栏目用于填写报关人员的证号。在 POCIB 中，可以不填。

47. 电话

本栏目用于填写报关人员的电话。在 POCIB 中，可以不填。

48. 申报单位

自理报关的，填报进出口企业的名称及编码；委托代理报关的，填报报关企业名称及编码。编码填报 18 位的法人和其他组织统一社会信用代码。

在 POCIB 中，申报单位统一社会信用代码可在公司基本资料中查找。此栏填写进口商公司中文名称及统一社会信用代码。例如：阳光氧气进出口有限公司，91332010220000015。

49. 海关批注及签章

本栏目供海关作业时签注。

二、实训指导 9-3

在 POCIB 中，在法检商品（监管条件中有 A 的商品）完成进口报检后才能进口报关。本案例中，进口报关的具体程序如下。

（1）进口商（绿河公司）进入“我的订单”的“业务履约”页面，选择进入相应的业务条目。

（2）进口商（绿河公司）点击“单据中心”，添加“进口货物报关单”并填写（见图 9-6）。

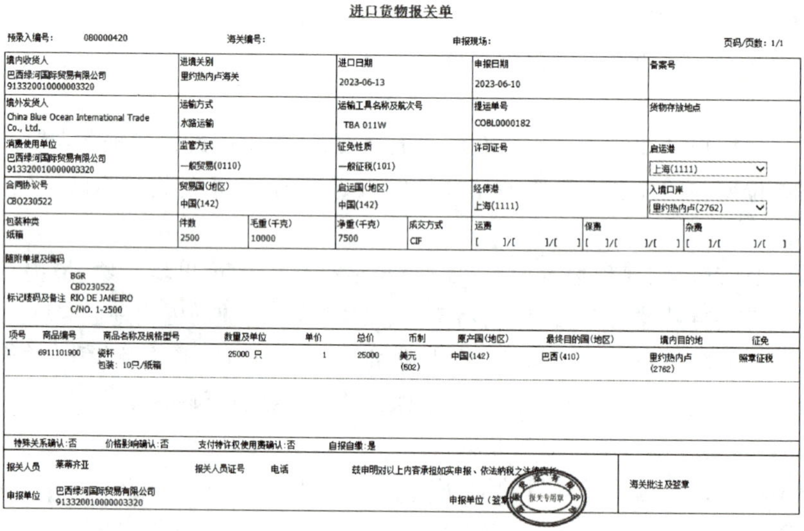

进口货物报关单

预录入编号：080000420　海关编号：　申报现场：　页码/页数：1/1

境内收货人 巴西绿河国际贸易有限公司 913320010000003320	进境关别 里约热内卢海关	进口日期 2023-06-13	申报日期 2023-06-10	备案号
境外发货人 China Blue Ocean International Trade Co., Ltd.	运输方式 水路运输	运输工具名称及航次号 TBA 011W	提运单号 COBL0000182	货物存放地点
消费使用单位 巴西绿河国际贸易有限公司 913320010000003320	监管方式 一般贸易(0110)	征免性质 一般征税(101)	许可证号	启运港 上海(1111)
合同协议号 CBO230522	贸易国(地区) 中国(142)	启运国(地区) 中国(142)	经停港 上海(1111)	入境口岸 里约热内卢(2762)

包装种类	件数	毛重(千克)	净重(千克)	成交方式	运费	保费	杂费
纸箱	2500	10000	7500	CIF	[ ]/[ ]/[ ]	[ ]/[ ]/[ ]	[ ]/[ ]/[ ]

随附单据及编码

标记唛码及备注 BGR
CBO230522
RIO DE JANEIRO
C/NO. 1-2500

项号	商品编号	商品名称及规格型号	数量及单位	单价	总价	币制	原产国(地区)	最终目的国(地区)	境内目的地	征免
1	6911101900	瓷杯 包装：10只/纸箱	25000 只	1	25000	美元(502)	中国(142)	巴西(410)	里约热内卢(2762)	照章征税

特殊关系确认：否　价格影响确认：否　支付特许权使用费确认：否　自报自缴：是

报关人员　莱蒂齐亚　报关人员证号　电话　兹申明对以上内容承担如实申报、依法纳税之法律责任　海关批注及签章

申报单位　巴西绿河国际贸易有限公司 913320010000003320　申报单位（签章）

图 9-6　进口货物报关单

（3）进口商（绿河公司）进入“城市中心”里的“海关”，点击“进口报关”按钮，选择相应的合同，点击“添加单据”按钮，选择单据“进口货物报关单”“合同”“商业发票”“装箱单”，如果是海运方式，还需提交“提货单”，如果是空运方式，则需提交“航空运单”和“提货通知单”，然后点“办理”按钮，完成报关。

（4）等待一段时间后，进口商（绿河公司）将收到海关签发的“进口关税专用缴款书”和“进口增值税专用缴款书”（若有消费税的商品还会签发“进口消费税专用缴款书”）。

任务四　进口缴税与提货

一、理论知识

（一）进口缴税

进口商在完成报检、并向海关申请报关后，应依据海关开立的相关单据如海关进口关税专用缴款书、海关进口增值税专用缴款书、海关进口消费税专用缴款书等缴纳税费后，才能顺利通关。进口商缴纳的税费除了进口关税，还包括进口环节代征的增值税和消费税。

1. 进口关税

关税是国家管理对外贸易的传统手段，虽然现在作为限制进口手段的作用已大大下降，但它仍是各国管理对外贸易、调整国家间经贸关系的重要手段之一。进口关税是进口国家的海关在外国商品输入时，对进口商所征收的关税。它可在外国货物直接进入关境时征收，或者当外国货物由自由港、自由贸易区或海关保税仓库等提出运往进口国的国内市场销售，在办理海关手续时征收。在国际贸易中，通常所说的关税壁垒就是指较高的进口关税水平。因此，进口关税一直被各国公认为是一种重要的经济保护手段。

一般进口关税税率可分为普通税率和优惠税率两类，其中优惠税率包括最惠国税率、协定税率、特惠税率和普惠制税率等种类。目前，世界上绝大多数国家采用复式税则。复式税则又称多栏税则，是指一个税目有两个或两个以上的税率，对不同国家的产品采用不同的税率。通常情况下，每个国家会根据国际经济形势、本国的经济发展情况、未来经济发展需要及上一年度的进出口状况调整进出口税率。

2. 进口环节代征税

《中华人民共和国海关法》规定，在进口环节，海关代征的国内税主要涉及消费税和增值税。消费税是针对进口烟、酒、化妆品、护肤护发品、贵重首饰等商品征收的。增值税的计征采用从价税，而消费税的征税标准包括从价标准、从量标准和复合标准。

关于进口关税、进口环节代征税的计算在项目二任务二的进口成本核算中已有详细介绍，可参看相应内容。

（二）进口提货

1. 进口提货的含义

进口商完成进口结汇和进口报关手续并缴讫关税及有关税费后，应立即办理提货手续。进口提货是进口商的义务之一，因此，在货物到达进口地后应尽快提货，否则可能产生相关费用，以及导致货物风险和损失。进口商提货时，应同时对其进行验货，一旦发现货物有残损应会同承运人、保险人、公证机构等联合检验。

2. 提货的程序

由于海运是国际贸易的最主要运输方式,因此,进口提货程序以海运为主予以介绍。

进口商取得货运单据后,即可持海运提单(B/L)至外运公司换取提货单(D/O)后提货。若为 FOB 下到付运费及其他应付费用时,进口商应及时向承运人支付运费,否则可能影响提货。

提货的方式有仓库提货、集装箱提货及船边提货三种方式。

(1) 仓库提货。

进口商办妥进口报关、缴税及放行手续后,即可备妥货车,凭提货单与海关放行单向驻库官员核章,缴纳相关费用后办理提领货物出库手续,并将货物装车运走。

(2) 集装箱提货。

①进口商接到外运公司到货通知后,若为整箱货,则前往集装箱堆场(CY)提货,用拖车将集装箱运走。

②若为拼箱货,则前往集装箱集散站(CFS)提货,雇卡车运走。

(3) 船边提货。

进口货品如为危险品、易腐品、活动物、数量庞大无法进仓的货品,应采用此种方式。进口商将提货单(D/O)交给船长或大副,直接以船上的吊杆将货物吊到货主的货车或驳船上,经海关查验后运走。

二、实训指导 9-4

在 POCIB 中,缴税应在进口商完成进口报关后进行,然后才能提货和销货,其具体操作如下。

1. 缴税

进口商(绿河公司)在"城市中心"中点击"海关",在弹出的页面中点击"进口缴税",选择合同为该笔合同,添加单据"海关进口关税专用缴款书""海关进口增值税专用缴款书""海关进口消费税专用缴款书"(本例中商品没有进口消费税,因此没有这张单据,其他部分商品会有),然后点击"办理",缴纳税费。等待一段时间后,将收到海关发来的已通关的通知。

2. 提货

进口商(绿河公司)在"城市中心"中,点击"海关",在弹出的页面中点击"提货",选择相应的合同,点击"添加单据"按钮,选择单据:海运方式下选择"提货单";空运方式下选择"航空运单"和"提货通知单"。点击"办理"按钮,完成提货。

3. 销货

此时进口商(绿河公司)可以进入"我的库存"查看库存状况,在"城市中心"里点击"市场",在弹出的页面中点击"售出商品",点击进入商品 12010 瓷杯的详细资料画面,在下方输入交易数量 25000,然后点击"售出",完成商品销售,回收资金。

至此,进口商(绿河公司)在 POCIB 平台的此笔合同已经完全履行完毕,该笔业务在"我的订单"的"业务履约"阶段转入"历史业务"阶段。

References
参考文献

[1]　黎孝先,王健. 国际贸易实务[M]. 7版. 北京:对外经济贸易大学出版社,2020.
[2]　田运银. 国际贸易实务精讲[M]. 7版. 北京:中国海关出版社,2018.
[3]　张燕芳. 国际贸易实务[M]. 北京:人民邮电出版社,2023.
[4]　吴百福,徐小薇,聂清. 进出口贸易实务教程[M]. 8版. 上海:格致出版社,2020.
[5]　傅龙海,吴慧君,陈剑霞. 国际贸易实务[M]. 4版. 北京:对外经济贸易大学出版社,2021.
[6]　竺杏月,华树春,陈健. 国际贸易实务实训教程[M]. 北京:中国商务出版社,2020.
[7]　夏合群,夏菲菲,胡爱玲,等. 国际贸易实务模拟操作教程[M]. 4版. 北京:对外经济贸易大学出版社,2020.
[8]　田运银,胡少甫,史理,等. 国际贸易操作实训精讲[M]. 2版. 北京:中国海关出版社,2015.
[9]　刘珉,陈虹. 国际贸易实务实训教程[M]. 2版. 北京:对外经济贸易大学出版社,2018.
[10]　高茜,袁敏华. 进出口业务综合实训[M]. 北京:中国人民大学出版社,2021.
[11]　傅龙海,陈剑霞,傅安妮. 国际贸易操作实训[M]. 4版. 北京:对外经济贸易大学出版社,2021.
[12]　章安平,顾捷. 外贸业务综合实训[M]. 4版. 北京:中国人民大学出版社,2019.